Knaur.

Knaur.

Über die Autoren:
Michael Fuchs-Gamböck, Jahrgang 1965, arbeitete zunächst als Ressortleiter »Musik« beim Magazin »Wiener«, dann als freier Musikjournalist für »Playboy«, »Cosmopolitan«, »Musik Express«, »Marie Claire«, »Hammer«, »Focus«, »AUDIO«. Daneben ist Michael Fuchs-Gamböck Autor einiger Musikbiographien. Weitere Infos unter www.fuchs-gamboeck.de.
Thorsten Schatz, Jahrgang 1968, ist freier Musikjournalist und arbeitet als Pophistoriker. Außerdem ist er Buchautor und schrieb zusammen mit Michael Fuchs-Gamböck bereits mehrere Musikbiographien, darunter einige Bestseller. Weitere Infos unter www.wort-schatz.net.

MICHAEL
FUCHS-GAMBÖCK
THORSTEN SCHATZ

DAVID GARRETT

Der Rebell mit der Geige

KNAUR TASCHENBUCH VERLAG

Besuchen Sie uns im Internet:
www.knaur.de

FSC
www.fsc.org
MIX
Papier aus verantwortungsvollen Quellen
FSC® C014496

Originalausgabe November 2010
Knaur Taschenbuch

Ein Unternehmen der Droemerschen Verlagsanstalt
Th. Knaur Nachf. GmbH & Co. KG, München

Redaktion: Franz Leipold
Umschlaggestaltung: ZERO Werbeagentur, München
Umschlagabbildung: Fabio Lovino/Contrasto/laif
Satz: Adobe InDesign im Verlag
Druck und Bindung: GGP Media GmbH, Pößneck
Printed in Germany
ISBN 978-3-426-78431-0

2 4 5 3 1

Michael Fuchs-Gamböck widmet dieses Buch
wie immer seinen bevorzugt weiblichen Musen,
u. a. der werten Frau Mama
und seiner Herzdame Liliana.
Und wie ebenfalls immer widmet er es
ganz besonders seiner wunderbaren Tochter Pauline,
ohne die sein Leben um einiges ärmer wäre.

Thorsten Schatz widmet dieses Buch
seinen Söhnen Tim Samuel und Philip,
den beiden wunderbarsten Energiebündeln der Welt,
und natürlich Monika, seiner Lichtgestalt am Horizont,
die ihn immer wieder auf die Erde holt.
Danke dafür, dass ihr da seid.

Der Rebell mit der Geige

DAVID GARRETT

Wer ist cooler: Mozart oder Metallica, will der Interviewer des amerikanischen TV-Nachrichtensenders CNN im Juli 2009 von David Garrett wissen. »In meiner Welt«, erklärt der smarte junge Mann lächelnd, »sind beide sehr, sehr cool. Und sie haben beide einen immensen Einfluss auf meine Arbeit wie auf meine Live-Auftritte.«

Nicht nur Mozart und Metallica sind cool, sondern auch der Mann, der hinter dieser Aussage steht. David Garrett ist weltweit einer der technisch versiertesten Klassikinterpreten seiner Generation. Hinzu kommt, dass der Saitenvirtuose wie ein Model aussieht – was ihm eine Zeitlang tatsächlich zu einem Laufstegjob verholfen hat. Entsprechend fliegen dem Deutschamerikaner vor allem die Herzen der weiblichen Fans zu.

David Garrett ist gleichzeitig Revolutionär und Rebell auf seinem zarten Instrument, der Violine: »Etwa 70 Prozent meiner Auftritte bestreite ich mit klassischem Material«, sagt er CNN. »Daran sieht man, dass ich in erster Linie ein konservativer klassischer Künstler bin. Wenn ich mir dann einige Popkünstler vornehme und deren Lieder in meinem eigenen Sinne interpretiere, hat das in erster Linie den Hintergedan-

ken, dass ich jüngere Leute an meine eigentlichen Helden wie Bach, Mozart, Beethoven oder Tschaikowski heranführe.«
Denn, so Garrett: »Es ist sehr schade, dass klassische Musik in der medialen Öffentlichkeit von heute kaum vorkommt. Dabei bin ich überzeugt, dass eine Menge junger Menschen damit viel anfangen könnten – wenn sie nur über ihre Existenz Bescheid wüssten. Darum sehe ich es als eine meiner Hauptaufgaben, dass ich die Klassik der jüngeren Generation ins Bewusstsein bringe. Es wäre schrecklich, wenn diese Epoche vom Vergessen bedroht wäre.«
Die Violine ist für Garrett sein Handwerkszeug. »Ein großartiges Instrument, weil man sie rhythmisch wie auch melodisch einsetzen kann«, wie der 1981 Geborene schwärmt. »Du kannst musikalisch so ziemlich alles mit der Geige anstellen, was du möchtest, wenn du sie entsprechend beherrschst. Manches Mal habe ich das Gefühl, die klassische Musik engt die Möglichkeiten der Geige ein. Darum sprenge ich gelegentlich ihr Korsett und setze sie für Musik außerhalb der Klassik ein.«
Zum Beispiel, um Pop- und Rockstücke von Michael Jackson oder Metallica im klassischen Gewand zu präsentieren. Damit wurde David Garrett selbst zu einer Art Rockstar. Die tragen normalerweise lange Haare und haben eine unüberschaubare Anzahl von Verehrerinnen. So weit passt das Klischee auf David Garrett.
Aber dann ist alles bei diesem Mann etwas anders. Das von ihm gespielte Instrument besitzt keine sechs Saiten wie die Gitarre, sondern nur vier. Und während sich der typische Rockstar nächtelang in Clubs herumtreibt, fiedelte David fleißig in einer New Yorker Eliteschule vor dem israelischen Geigengroßmeister Itzhak Perlman Tonleitern rauf und runter.
Damit baute sich der Violinstar ein festes Fundament auf. Allerdings tritt trotz seiner offensichtlichen musikalischen Fähigkei-

ten oft das Aussehen des Frauenlieblings in den Vordergrund. So hat man David Garrett immer wieder als »David Beckham der Violine« bezeichnet – was er selbst gar nicht so gerne hört, wie er sagt. Trotzdem hegt er große Bewunderung für den berühmten englischen Fußballer: »Beckham hat sich durch sein Charisma und seine Ausstrahlung und natürlich auch durch sein Talent beim Fußball einem völlig neuen Publikum erschlossen. Wenn mir das dank meines Aussehens mit meiner Musik gelingt, habe ich mit diesem Stellenwert kein Problem.«

Am wichtigsten sind für David Garrett allerdings nicht Äußerlichkeiten, sondern die Arbeit. Dass er ein Ausnahmemusiker ist, beweisen Fakten; beispielsweise hat er seit 2010 einen Eintrag im legendären »Guinnessbuch der Rekorde«. Garrett interpretierte den berühmten »Hummelflug« des Komponisten Nikolai Andrejewitsch Rimski-Korsakow fehlerfrei in sensationellen 66 Sekunden – das sind 13 Noten pro Sekunde. Eine weltmeisterliche Leistung.

Diese erstaunlichen Fähigkeiten kamen bei David Garrett früh zum Vorschein. Schon im zarten Alter von zwölf Jahren galt er als Wunderkind mit den Qualitäten eines Weltklassevirtuosen, kurz darauf hatte er seinen ersten Plattenvertrag in der Tasche. Richtig wohl in seiner Haut fühlte sich das junge Genie damals aber nicht. »Bei meiner ersten Plattenfirma, die mich unter Vertrag genommen hat, hat das alles nicht wirklich funktioniert«, erklärt Garrett rückblickend, »weil das Publikum mein Unwohlsein instinktiv spürte. Es fühlte, dass ich in ein Marketingkorsett geschnürt war. Das Schlimmste im Leben ist, wenn man sich verstellen muss. Was ist das für ein erbärmliches Leben!«

Mit einigen Mühen befreite sich David Garrett aus dieser für ihn beklemmenden Situation, ging aus eigenem Antrieb nach New York an die renommierte Juilliard-School und verfei-

nerte sein Geigenspiel bei Größen wie Itzhak Perlman. Gleichzeitig entdeckte David in den Vereinigten Staaten von Amerika die Rockmusik, die in seiner Kindheit und Jugend keine Rolle gespielt hatte.
Bands wie Metallica, Nirvana oder White Stripes hatten es dem eher schüchternen jungen Menschen angetan. Durch diese Musik inspiriert, entwickelte sich bei Garrett Anfang des aktuellen Jahrtausends die Idee, Crossover-Sound zwischen Klassik und Rock zu spielen. Ein genialer Einfall. David Garrett wurde zum Aushängeschild dieser Musik. Nach dem Wechsel zu einer neuen Plattenfirma konnte David Garrett endlich das tun, was ihn aktuell wirklich begeistert: die Schnittmenge von AC/DC und Johann Sebastian Bach finden, mehr und mehr gepaart mit Kompositionen aus der eigenen Feder.
Der Saitenmeister hat nicht nur jede Menge Preise für seine Arbeit eingeheimst und ist weltweit ein Superstar, sondern er hat vor allem sein Hauptziel erreicht: junge Menschen in große Konzerthallen zu locken und für klassische Musik zu begeistern, denn der gebürtige Aachener sieht sich als Rebell mit der Geige: Für ihn ist der Klassikbetrieb ganz allgemein stark revolutionsbedürftig, wenn Klassik in Zukunft noch gemacht und gehört werden will.
»Die ältere Generation denkt oft, die Jüngeren hätten keine Ahnung von Kultur«, sagt David Garrett. »Aber wenn sich niemand die Mühe macht, ihnen das Verständnis dafür näherzubringen, wird sich nie etwas daran ändern.«
David Garrett ist also ein Idealist. Ein Virtuose. Ein Visionär. Und vor allem ein Mensch, der etwas tun und ändern will, im Sinne der Schönheit der Musik. Nicht nur der klassischen Musik. David Garrett. Der Rebell mit der Geige. Und eine Persönlichkeit, mit der man sich im Rahmen dieses Buches eindringlich beschäftigen kann. Viel Vergnügen bei der Lektüre!

Auftakt

DAVID UND SEINE FAMILIE

Die Geschichte David Garretts beginnt, als sein Vater Georg-Paul Bongartz sich in jungen Jahren dazu entschloss, den gutbürgerlichen Beruf des Rechtsanwalts an den Nagel zu hängen. Er wollte sich lieber seiner großen Leidenschaft widmen: der Geige. Als Hobbymusiker strich er, sooft es ging, geschmeidig den Bogen. Er häufte dabei eine Menge Wissen über sein favorisiertes Instrument an und wurde allmählich zum Violinexperten, aber auch zum Fachmann für andere Streichinstrumente.

1976 sattelte Bongartz endgültig um. Allerdings schlug er nicht den Weg des Profimusikers ein, sondern wurde zum »öffentlich bestellten Versteigerer von Sammlungen und Nachlässen« und »Experten für musikalische Kunst- und Sammlungsgegenstände«, so die offizielle Berufsbezeichnung. Er baute in Aachen das »Auktionshaus Bongartz« auf und spezialisierte sich auf hoch- und mittelpreisige Violinen und Geigenbögen. Das Haus mauserte sich zu einem blühenden Unternehmen mit internationaler Kundschaft, das sich bis in die Gegenwart gut im Geschäft halten konnte.

Etwa in der Zeit der Geschäftsgründung besuchte Georg-

Paul Bongartz eine Ballettaufführung im »Aachener Theater«, obwohl er diese Art des Tanzens eigentlich nicht sonderlich mochte. Doch er sollte diesen Abend nicht bereuen, denn für die Darbietung hatte man die aus Washington stammende Ballerina Dove-Marie Garrett engagiert.

Sie war schon Ende der 1960er Jahre nach Deutschland gekommen und von Kiel nach Frankfurt am Main gezogen. Sie hatte sich dafür entschieden, aus den Staaten überzusiedeln, weil damals in der Bundesrepublik für Tänzerinnen bessere Bedingungen herrschten. So kam sie häufiger als in den USA an Ballettengagements, die manchmal eine Laufzeit von einem Jahr hatten und nicht nur von ein paar Monaten wie in ihrer Heimat.

Dennoch sehnte sich Dove wieder zurück in die Staaten. Das verriet die damals 21-jährige Ballerina in einem Interview mit den »Desert News« aus dem Jahr 1971, in dem sie über die Stimmung in ihrem amerikanisch besetzten Ensemble Folgendes berichtete: »Jeder hier will tatsächlich wieder nach Hause.« Doch sie blieb – zunächst nur wegen der Arbeit – und wurde ein paar Jahre später für eine Ballettaufführung in Aachen engagiert. Nach einer Vorstellung lernte sie Georg-Paul Bongartz kennen. Und von diesem Augenblick an zog es Dove Garrett gar nicht mehr so sehr in ihre Heimat zurück, denn die blonde Ballerina und der dunkelhaarige Geigenspezialist verliebten sich und heirateten.

Der Nachwuchs ließ nicht lang auf sich warten. 1978 kam der erste Sohn Alexander zur Welt. Und zwei Jahre später, am 4. September 1981, folgte Sprössling Nummer zwei, dem Dove und Georg den Namen David gaben.

In die Wiege gelegt bekam der Kleine gleich eine Besonderheit: Da seine Mutter aus den USA stammt, er aber in Aachen geboren wurde, erhielt David die deutsche und die amerikanische Staatsbürgerschaft. Er wurde in eine Familie hineingeboren, die von diesen beiden Kulturkreisen beeinflusst war. Verunsichert oder gestört hat ihn das nie. Das machte er später als erwachsener Mann und populärster Geiger der Welt deutlich. David fühlt sich überall zu Hause, er gibt keinem der beiden Länder den Vorzug. Das erklärte der Geigenvirtuose in einem Interview mit der »Deutschen Welle« im August 2009: »Ich bin mittlerweile gleichermaßen in Deutschland wie in den USA zu Hause, und ich freue mich immer wieder, hin- und herzufliegen.«

In seinen Geburtsort Aachen, wo er seine Kindheit verbrachte, kehrt der ständig umherreisende Starviolinist etwa zwei- bis dreimal im Jahr gern zurück, um seine Eltern zu besuchen, die idyllisch an einem Stausee wohnen. Dann ist zwar vor allem Familienleben angesagt, aber David lässt es sich nicht nehmen, ab und zu in die nahe gelegene Pontstraße zu gehen, um in den dortigen Pinten und Kneipen abzutauchen. Tagsüber hält er sich fit und joggt manchmal durch den Aachener Wald.

Allerdings hat David als Hauptwohnsitz zur Zeit der Entstehung dieses Buches New York gewählt, wo er sich mit seinem Bruder ein Apartment teilt. Das funktioniert, weil David zu Alexander ein ganz besonderes Verhältnis hat und eng mit ihm verbunden ist.

Der Geigenvirtuose bewundert seinen Bruder, der an der renommierten Harvard-Universität Jura studiert hat und als Rechtsanwalt arbeitet, für seine Disziplin. Er hat Hochachtung davor, wie Alexander es schafft, seinen Alltag so klar zu struktrieren, jeden Morgen in aller Frühe aufzustehen, erst Abends nach einem langen Tag nach Hause zu kommen, kontinuierlich täglich seine Arbeit zu verrichten, und das selbst in seiner eigentlich freien Zeit am Wochenende.

Die Stärke, diesen Rhythmus konsequent beizubehalten, macht Alexander zu seinem »persönlichen Helden«, wie er in einem Interview mit der »Deutschen Welle« verkündete. Zwar ist David in seiner Arbeit ebenfalls diszipliniert, aber er lebt extremer, mit mehr Schwankungen als Alexander. Der Violinstar ist eher ein Gefühlsmensch, sein Bruder geht die Dinge dagegen sehr rational an, ruhiger als David, den gewisse Situationen erheblich schneller auf die Palme bringen als den Juristen. Nicht nur deswegen ist Alexander für den Musiker zu einem wichtigen Ratgeber und Freund geworden, was unter Brüdern nicht zwangsläufig so sein muss. Wenn David nicht mehr weiterweiß, wenn er unter bestimmten Situationen zu leiden hat, ist Alexander immer für ihn da, ermutigt ihn und zeigt ihm einen Weg, wieder Selbstvertrauen zu gewinnen.

Die beiden halten zusammen und wissen, wie wichtig das für sie ist. Das hat sich seit ihrer Kindheit entwickelt. Damals stritten und neckten sie sich zwar auch, und David ärgerte Alexander sehr gern. Doch über die unter Brüdern üblichen Zusammenstöße gingen die Streitereien nie hinaus. Im Gegenteil: Es entwickelte sich ein gegenseitiges Bewusstsein dafür, dass sie beide in der Verbindung Stärke entwickeln, indem sie füreinander da sind. Deshalb läuft ihr Zusammenleben in der New Yorker Wohnung relativ reibungslos. Jeder lässt den anderen so sein, wie er möchte. Während David sich ab und zu ins Nachtleben stürzt, schläft Alexander lieber, um am nächsten Morgen wieder fit zu sein, wenn in der Anwaltskanzlei die Arbeit ruft.

Falls David nicht da ist, kümmert sich Alexander um den Haushalt und umgekehrt, wobei es meist der Musiker ist, der dafür sorgt, dass der gemeinsame silberfarbene Kühlschrank gut gefüllt ist. Das Kochen jedoch erledigt der Jurist, das kann David nicht.

Der hochgewachsene, dunkelhaarige Alexander kommt trotz aller Unterschiede glänzend mit seinem jüngeren Bruder aus. Er bewundert ihn dafür, was er alles erreicht hat und wie schwer er dafür arbeiten musste, in der Musikwelt so weit gekommen zu sein. Er gönnt ihm den Erfolg ohne eine Spur von Neid, weil er ihn als Persönlichkeit so sehr mag und schätzt.
Das sieht die Dritte im Bund der Garrett-Geschwister genauso: Davids sechs Jahre jüngere Schwester Elena. Sie charakterisierte ihren bekannten Bruder in einem TV-Interview der ARD im Herbst 2009 kurz und bündig: »Ohne ihn wäre es langweilig, ich bin bei weitem nicht so ein Entertainer.« Sie gab jedoch zu bedenken, dass er ebenso seine stillen Momente habe.
Elena studiert am Konservatorium im niederländischen Maastricht und an der dortigen Universität Kunst und Musik und hat selbst schon erste Schritte in Richtung Musikstar unternommen. Sie spielt seit ihrem siebten Lebensjahr klassisches Klavier und war als Kind und Jugendliche schon oft auf Konzertbühnen zu sehen. 2003 gewann sie den ersten Preis beim bundesdeutschen Wettbewerb »Jugend musiziert« im Klavierduo. Die Jazzotic Bigband erspielte sich mit ihrer Leadstimme 2004 beim Wettbewerb »Fête de la Musique« in Lüttich Rang eins. Elena war daneben mit verschiedenen Bands zu erleben, beispielsweise auf dem »Jazz Masters Festival Maastricht« und dem »AldJazz Festival« in Bilzen. Damit nicht genug, wirkte sie in kleineren Theaterproduktionen mit, wie etwa in Shakespeares »Mittsommernachtstraum«. Sie nahm an einem Einstiegskurs der Theaterschule Aachen teil, tanzte Ballett und Modern Dance und schreibt leidenschaftlich gern Gedichte und Songtexte.
Diese Liebe zur Musik und das musische Talent verbinden Elena und David. Sie hat offensichtlich großes Interesse an

seiner künstlerischen Entwicklung und besucht gern seine Konzerte, wenn es sich zeitlich einrichten lässt. David nimmt sich dann trotz Auftritts- und Autogrammstundenstress immer gerne Zeit für seine Schwester.
Zwischen ihr und Alexander steht David vom Alter her in der Mitte. Das ist für viele Kinder eine schwierige Position, die meist bedeutet, dass sie mehr um die Aufmerksamkeit der Eltern kämpfen müssen als die beiden anderen. In Davids Familie ist da auf der einen Seite die Schwester als das »gerade geschlüpfte« und zu behütende Küken. Auf der anderen Seite spielt der ältere Bruder seine Rolle als Kronprinz, der Verantwortung trägt und mehr Raum für sich fordert als seine jüngeren Geschwister. Dazwischen steht David, dem es trotz dieser Konstellation erspart blieb, als sogenanntes Sandwich-Kind nicht richtig beachtet zu werden. Im Gegenteil: Er war bereits recht früh in der Lage, die Aufmerksamkeit von Dove und Georg auf eine besondere Art und Weise auf sich zu ziehen, die sein ganzes Leben prägen und bestimmen würde: Er entdeckte die Geige …

Aufbruch

DAVID ENTDECKT DIE GEIGE

Als David geboren war, gab seine Mutter Dove ihren Beruf als Balletttänzerin auf. Der spätere Klassikstar hat sie, wie er selbst in einem Interview bedauerte, nie als Tänzerin live auf der Bühne erlebt, sondern als Ballerina nur auf Fotos gesehen.

Ihre Aufgabe sah sie ab sofort darin, sich um den kleinen David und seinen älteren Bruder Alexander zu kümmern, die beide neugierig die Welt erkundeten. Und wie das unter Brüdern so üblich ist, wollte der Jüngere immer all das haben und ausprobieren, womit sich der Ältere beschäftigte. Bekam Alexander ein neues Fahrrad, war David auf einmal ganz wild darauf, ebenfalls in die Pedale zu treten.

Die gleiche Situation ergab sich, als Georg und Dove meinten, der siebenjährige Alexander sollte das Geigespielen versuchen. David, der kurz davor war, in den Kindergarten zu kommen, bekam einen handfesten Wutanfall, weil er dabei leer ausging. Warum hatte er keine Violine bekommen? Er war neidisch, griff sich kurzerhand Geige und Bogen des Bruders und ahmte einfach die Bewegungen Alexanders beim Spielen nach, die er beobachtet hatte – und konnte binnen zwei Monaten ohne irgendeinen Unterricht besser spielen als Alexander.

David war derart fasziniert von der Geige, dass er mit Leichtigkeit und rasend schnell alle Stücke beherrschte, die Alexander im Geigenunterricht lernen musste. Dessen Lehrer war beeindruckt und schlug vor, dass auch David Stunden bekommen sollte.

Alexander trat das Geigelernen gern an seinen Bruder ab, weil er ohne besondere Begeisterung den Bogen führte und lieber auf das Klavier umstieg. Dass David ihn derartig schnell auf der Violine überflügelte, störte ihn absolut nicht.

David fiel das Spielen leicht, und die Entdeckung der Geige war für ihn das pure Vergnügen, denn er hatte offensichtlich ein beachtliches Talent. Hinzu kam, dass Violinen zum alltäglichen Leben der Familie gehörten. Schließlich hatte Papa Georg sein Auktionshaus bereits etabliert und bekam ständig Besuch von Geigern und Violinspezialisten.

Doch nicht nur das Instrument, das David gerade erforschte, war in seinem Elternhaus ständig präsent. Genauso umgab ihn die Klassik als diejenige Musik, die wohl die meisten Violinisten bevorzugt spielen.

Seine Eltern nahmen ihn immer wieder zu Konzerten mit, was David sehr genoss. Er freute sich darauf und sagte später, dass ihn diese Aufführungen geprägt hätten, zumal er viele ausgezeichnete Orchester zu hören bekam.

Das Schlüsselerlebnis, das ihm die Tür zu jener Musik weit aufstieß, ereignete sich jedoch, als er im Plattenschrank seiner Mutter den russischen Komponisten Pjotr Iljitsch Tschaikowski entdeckte. Dove Garrett besaß als ehemalige Ballerina natürlich viel Musik von Tschaikowski, dessen Werke »Schwanensee«, »Dornröschen« oder »Der Nussknacker« zu den weltweit berühmtesten Ballettstücken zählen. »Schwanensee«

war jedenfalls die erste Musik, die David bewusst hörte und die den damals Vierjährigen völlig faszinierte. Wenn er Tschaikowski hörte, spielte er dazu Geige, so gut es ging, einfach so, ohne dass jemand zuhörte, und tanzte, das Instrument in der Hand, zu den Klängen durch den Raum. Er ließ die Musik fließen – und verwurzelte sich so in ihr und mit der Violine.
Damit war klar: Die Geige war Davids Instrument – obwohl Dove Garrett noch einen Versuch in eine andere Richtung unternahm. Sie schickte ihren kleinen Klassikfan mit etwa vier Jahren auf die Ballettschule. Vielleicht dachte die Ex-Ballerina, die schon den sterbenden Schwan aus »Schwanensee« getanzt hatte, David könnte an ihre eigene Karriere anknüpfen und diese für sie weiterführen.
Ein paar Wochen lang ging das gut, die Ballettstunden gefielen David sogar. Allerdings, so der Violinist in einem Gespräch mit »Hallo Sonntag« im März 2009: »Als ich dann in den Kindergarten gegangen bin, hatte ich immer weniger Zeit, Geige zu spielen. Und da hatten meine Eltern dann doch die Priorität auf Geigeüben gelegt.«
Das gefiel David besser als die Ballettschritte. Er wusste mit seinen vier Jahren schon sehr genau: Ich will Geiger werden. Nur das sollte sein Weg sein, was er immer wieder erklärte, wie etwa 2007 in der Zeitschrift »Partituren«: »Ich habe nie etwas anderes machen wollen.«
Das förderten seine Eltern, die sein Talent erkannt hatten, und sie forderten ihn, um daraus etwas zu machen. Dabei spielte Davids Vater Georg-Paul Bongartz eine wichtige Rolle. Er wollte, wie David in einem Interview verriet, selbst ein professioneller Violinist werden. Dass der jüngere Sohn seine Stelle einnehmen und für ihn stellvertretend zum Musikstar werden sollte, glaubt David jedoch nicht. Das machte er in einem Gespräch mit der englischen »Times« im Frühjahr 2008

deutlich: »Ich würde nicht sagen, dass er durch mich lebte.« Vielmehr meinte er, dass beide, seine Mutter und sein Vater, an sein Talent glaubten, das entfaltet werden sollte. Und sie waren überzeugt, dass er als professioneller Geiger ein gutes Leben führen könnte.

Vater Georg kniete sich daher mit hohem Engagement in die Ausbildung seines Sohnes und nahm sie zunächst selbst in die Hand. Er brachte ihm die grundlegenden Techniken des Geigenspiels bei, zeigte ihm, wie er den Bogen halten musste, hörte, wo noch ein Vibrato nötig war, wo das Tempo herausgenommen werden musste, ließ ihn alle wichtigen Geigenschulen spielen und Übungen durchlaufen, die David heute weiterhin praktiziert.

Sein meist strenger Lehrmeister konnte selbst nicht so meisterlich spielen, wie er es gern gehabt hätte. Aber Georg Bongartz wusste, wie er David auf den Weg eines Profiviolinisten bringen konnte. Und sein Sohn lernte schnell und übte viel: als Vierjähriger drei bis vier Stunden täglich, was sich bis zum Alter von 17 Jahren auf sieben Stunden hochschraubte.

Der kleine David arbeitete sich durch die Anfangsphase des Lernens, die sich für viele Violinspieler als äußerst mühsam präsentiert, weil die Geige eines der kompliziertesten Instrumente überhaupt ist. Wie steht man als Geiger? Wie hält man den Bogen? Wie streicht man die Saiten? Welche Finger kommen wo auf die Saiten? Das alles war zu lernen. Doch David schaffte es, und er hatte großen Spaß daran, immer neue Griffe und Techniken zu versuchen und damit zu experimentieren. Er lernte die Geige schnell kennen und bekam sie nicht nur blendend in den Griff, sondern entwickelte beeindruckend rasch die Qualitäten eines Virtuosen.

Bereits mit sechs Jahren war er seinem Vater überlegen, was die ersten Konflikte mit sich brachte. David spürte die hohe

Erwartungshaltung seiner Eltern, ihren Wunsch, er möge sein Talent schulen und professionell umsetzen. Und er fühlte genauso seine eigene Stärke. Daher wollte er keine Zeit verlieren und setzte das Niveau gleich ganz oben an: Der angehende Star-Geiger begann rasch mit Komponisten wie Bach, Tschaikowski oder Brahms.

Dove und Georg war das recht. Im »Lufthansa Magazin« ließ David dazu verlauten, man sagte ihm als Kind, es sei seine »Bestimmung, Geiger zu werden«. Und damit sich dieses Lebensziel auf professionellem Wege erfüllte, schickten seine Eltern ihren musikbegeisterten Sprössling zu Geigenlehrern. Schon mit fünf chauffierten sie ihn an jedem Wochenende nach Holland zu seinem ersten Lehrer.

Der musste sich keine großen Sorgen über Davids Fortschritte machen. Dessen Spiel hatte bereits im Kindergartenalter von vier Jahren eine solche Qualität, dass seine Eltern ihn beim bundesdeutschen Wettbewerb »Jugend musiziert« anmeldeten. Der gerade mal fünfjährige Mini-Paganini spielte eine Beethoven-Romanze – und gewann. Knapp zwei Jahre später trat David ungefähr einmal pro Woche vor Publikum auf.

Im Alter von acht Jahren ging es dann nach Norddeutschland, genauer gesagt nach Lübeck. Sein Vater fuhr David selbst im Auto sechs Stunden lang an jedem Donnerstagabend zur Musikhochschule Lübeck und wieder zurück nach Hause in der Sonntagnacht. Zwischen dem 1. Oktober 1989 und dem 31. März 1992 war David in Lübeck Schüler des Instituts für schulbegleitende Musikausbildung. Georg Bongartz meint, dass dort der Grundstein für die überwältigende Karriere seines Sohnes gelegt wurde.

Damit hat er nicht übertrieben, denn Davids Lehrer war kein Geringerer als Professor Zakhar Bron. Der 1947 geborene russische Geiger und Violinpädagoge hatte das Geigenspiel in der Stoljarski-Schule in Odessa gelernt. Danach studierte er in Moskau bei Boris Goldstein am Gnessin-Institut und am Moskauer Konservatorium bei Igor Oistrach. 1971 machte er seinen Abschluss und arbeitete nicht nur als Geiger, sondern unterrichtete auch seit 1974 am Konservatorium in Nowosibirsk, dann seit 1988 an der Royal Academy of Music in London, am Conservatory of Rotterdam, an der Musikhochschule Lübeck sowie der Escuela Superior de Música Reina Sofia in Madrid. Seit 1997 ist Zakhar Bron unter anderem Professor an der Hochschule für Musik in Köln und an der Zürcher Hochschule der Künste.

Bron erspielte sich einen ausgezeichneten Ruf als international herausragender Geiger und ist als Lehrer bei außergewöhnlichen Violintalenten wie David Garrett sehr gefragt.

Neben Zakhar Bron gab die renommierte russische Pianistin Irina Vinogradova dem jungen Talent Klavierunterricht. Dadurch bekam David eine hervorragende Ausbildung mit, ein Fundament, das es ihm ermöglichte, zu einem virtuosen Weltklassegeiger zu werden. Auf die grundlegenden Finessen und Übungen, die Zakhar Bron ihm beibrachte, greift er heute noch zurück.

Neben dem stundenlangen Üben spielte David am Institut in Lübeck kleine Konzerte, so auch einmal im Kammermusiksaal der Musikschule. Geld bekam er dafür keines, aber als eine Art Honorar einen elektronischen Tacho für sein Mountainbike.

David freute sich über diese Anerkennung und viele lobende Worte, wenn ihm gesagt wurde, wie gut er schon in diesem zarten Kindesalter war. Und noch liebte er es, diesem besonderen Instrument gekonnt Melodien zu entlocken.

Andererseits ließ er es einfach mit sich geschehen, dass er in eine Karriere gepresst wurde, dass er mit acht Jahren ein Management bekam und dass er sich hohen Erwartungen ausgesetzt sah. David meinte, wie er im Gespräch mit dem »Lufthansa Magazin« verriet, dass seine Eltern ihn nicht mehr lieben würden, wenn er nicht mitmachte. Also spielte er das Spiel weiter.

Ein Weg zurück war nun nicht mehr vorstellbar. Spätestens seit dem ersten Konzert mit Orchesterbegleitung in Bad Kissingen, bei dem er, noch als David Bongartz, mit neun Jahren das G-Dur-Violinkonzert von Mozart spielte, setzte er den Fuß fest auf die Karriereleiter und begann, mutig hinaufzusteigen. Und ob er das nun wollte oder nicht, heftete ihm die Öffentlichkeit gleich ein Etikett an: David, das Wunderkind ...

Applaus

DAS UNGLÜCKLICHE »WUNDERKIND« MIT DER GEIGE

Davids Leben als junger Geigenvirtuose kam mächtig in Fahrt, als er sein großes offizielles Konzertdebüt gemeinsam mit den Hamburger Philharmonikern unter dem Dirigenten Gerd Albrecht absolvierte. Er hatte, seitdem er neun Jahre alt war, eine Künstleragentur im Rücken, die ihn mittlerweile für solche hochklassigen Auftritte gut vermitteln konnte. Immerhin hatte es sich in der deutschen Klassikszene herumgesprochen, dass es da ein junges Ausnahmetalent gab, das man sich unbedingt anhören sollte. Also spielte er 1991 in Hamburg die »Zigeunerweisen« von Pablo de Sarasate, was allerdings recht dramatisch ablief, denn vor dem Auftritt erlebte David mit, wie sich seine Eltern stritten. Doch dann, so erinnerte er sich 2008 in der »Mitteldeutschen Zeitung«, sagte jemand zu ihm: »Jetzt gehst du raus und spielst.« Diese Weisung befolgte er und hatte großen Erfolg. Das »Hamburger Abendblatt« jubelte damals über das Konzert und den jungen Violinisten: »Er scheint der geborene Geiger zu sein.«
David war damals erst zehn Jahre alt und trat nicht mehr unter seinem Geburtsnamen Bongartz auf. Den benutzte er zwar während der ersten öffentlichen Auftritte, aber seit-

dem er für größere Konzerte wie in Hamburg gebucht wurde, entschlossen sich seine Eltern dazu, dass David lieber unter dem Mädchennamen seiner Mutter – Garrett – auftreten sollte. »Bongartz« hielt man, was die Aussprache angeht, für zu schwierig. Garrett schmeichelte sich ins Ohr, der Name hatte einen besseren Klang, vor allem einen internationalen. Und das könnte später von Bedeutung sein, wenn David einmal über die deutschen Grenzen hinaus bekannt werden sollte. In Davids Pass stehen beide Namen, was David nicht als verwunderlich empfindet, wie er in der Zeitschrift »Partituren« 2007 erklärte: »Was soll's? ... Irgendwie hatte es auch etwas von einem Doppelleben. Der normale Mensch, der zur Schule geht, und der, der auf Tour geht und Konzerte spielt.«

Oder Fernsehauftritte hat. David spielte sowohl im niederländischen wie im deutschen Fernsehen auf. Er war in solchen Sendungen zu erleben wie »Achtung! – Klassik«, einem TV-Programm des ZDF, in dem er am 20. Mai 1991 eine Kostprobe seines Könnens gab. Der Klassikpianist, Dirigent, Moderator und Hauptinitiator des renommierten »Schleswig-Holstein Musik Festivals« Justus Frantz führte durch den Abend. Dabei waren musikalische Hochkaräter wie der Tenor José Carreras, Schlagerlegende Udo Jürgens, die vierhändig Klavier spielenden Schwestern Labèque, die Kammerphilharmonie des »Schleswig-Holstein Musik Festivals« – und David Garrett.

Der elfjährige Geigenstar legte solche Auftritte in Serie hin und begeisterte das Publikum und die Kritiker mit anspruchsvollen Darbietungen wie etwa dem Violinkonzert e-Moll op. 64 von Felix Mendelssohn Bartholdy.

David machte als aufstrebendes Klassiktalent ordentlich Furore in der Musikwelt und fiel einer Violinistin auf, die den

Ruf hat, eine der besten Geigerinnen – wenn nicht sogar die beste – überhaupt zu sein: Ida Haendel.

Ähnlich wie David begann die 1928 in Chelm, Polen, geborene Musikerin sehr früh, die Geige zu entdecken. Sie war erst drei Jahre alt, als sie sich auf der Violine ihrer Schwester Stücke und Melodien selbst beibrachte. Mit sieben wurde sie an der Musikakademie Warschau aufgenommen. Danach ging ihre Familie 1935 nach Paris, wo sie das Geigenspiel erst bei Carl Flesch, dann bei George Enescu studierte. Im Zweiten Weltkrieg trat sie vor allem vor amerikanischen und britischen Soldaten auf.

Im Lauf der Zeit erspielte sich Haendel mit brillanten Interpretationen etwa der Violinkonzerte von Beethoven, Brahms und Sibelius den Rang einer weltweit herausragenden Geigerin, vergleichbar mit männlichen Kollegen wie Yehudi Menuhin und Isaac Stern. 1991 wurde sie mit dem Orden des British Empire ausgezeichnet.

Mit elf Jahren lernte David die damals 64-jährige Violinexpertin kennen, die ihn unter ihre Fittiche nahm, bis er 16 Jahre alt war. Er bekam Geigenunterricht in London oder in Miami, wo sie damals lange Jahre lebte.

In ihrem stilvoll mit Antiquitäten und Porträts ausgestatteten Haus noch tiefer in die Geheimnisse des Geigespielens eintauchen zu können war für David eine aufregende Angelegenheit. Dabei entsprach das Verhältnis aus Ida Haendels Sicht gar nicht so sehr dem von der Lehrerin zum Lernenden. Vielmehr sagte die Violinistin dem jungen Musiker, dass sie ihn als einen Kollegen ansehe, nicht ausschließlich als Schüler.

David Garrett blickte 2008 in der Zeitschrift »GQ« auf diese Zeit zurück und beschrieb Haendel als »eine im Herzen junggebliebene Dame«, die »immer auf Zack« gewesen und »nie zu streng« mit ihm umgegangen sei. Von ihr sei er am meisten geprägt worden. Sie brachte ihm bei, die Musik als Sprache zu sehen, in der er sich ausdrücken kann, und nicht nur als das bloße Wiedergeben von Noten.

Dieses Rüstzeug nahm David mit, als er seine Konzertaktivitäten ausdehnte. 80 Auftritte absolvierte der Dreizehnjährige pro Jahr, und das nicht nur in Deutschland, sondern beispielsweise auch auf einer kleinen Japantournee zusammen mit dem NDR-Sinfonie-Orchester.

Die Klassikszene und die Öffentlichkeit hatten mittlerweile bemerkt, welches Talent da die Musikwelt eroberte. Er bekam Anerkennung dafür, dass er in einem sehr frühen Alter schon in der Lage war, schwierige klassische Stücke fehlerfrei, technisch virtuos und dazu noch mit Gefühl dem Publikum nahezubringen. Aber er bekam genauso einen Stempel aufgedrückt, den schon einige junge Künstler vor ihm zu spüren bekamen: das Wunderkind.

Wunderkinder gibt es, solange klassische und andere Musik überhaupt existieren. So zählt man zu den frühen »Wunderkindern« Georg Friedrich Händel, Ludwig van Beethoven, Georges Bizet, Frédéric Chopin und Robert Schumann, um nur einige zu nennen. Deren Eltern mischten zum Teil kräftig mit, wie man von Wolfgang Amadeus Mozart weiß. Sein Vater Leopold Mozart übte mit dem erst sechsjährigen Sprössling Kunststückchen am Klavier ein. So verband er ihm beim Spielen die Augen, verdeckte die Tastatur oder ließ den Kleinen dem Klavier mit nur einem Finger Töne entlocken. Damit wollte der alte Mozart den hohen adeligen Damen und Herren am Wiener Hof gefallen. Das ging so weiter, bis Wolfgang Amadeus 13 Jahre alt war und Leopold das Alter seines Sohnes nach unten korrigierte, weil dieser als »Wunderkind« solch großen Erfolg hatte.

Diese Jüngst- und Jungtalente wurden während ihrer Kinderzeit – und von den genannten auch die meisten noch in ihren Erwachsenenjahren – umjubelt. Und diese Bewunderung für derartig hochbegabte Kinder in der Musikwelt hat sich über die Jahrhunderte gehalten und bis heute nicht geändert. Zum Beispiel zählt das Geigengenie Yehudi Menuhin dazu. Er riss das Publikum bereits als Jugendlicher zu Begeisterungsstürmen hin. Als er 1929 mit 13 Jahren sein Debütkonzert in Berlin gab, stürmte Albert Einstein zu ihm in die Garderobe, umarmte ihn und rief: »Jetzt weiß ich, dass es einen Gott im Himmel gibt.«

Zu Beginn seiner Karriere in den 1990er Jahren wurde auch David als »Wunderkind« herumgereicht. Allein über dieses Etikett rümpfte Garrett in späteren Interviews, nachdem er als erwachsener Mann zu Weltruhm gelangt war, wiederholt die Nase. Er meinte zwar, dass er sich tatsächlich von der Masse wegen seines Talents abhob und schon als Kind angestrengt hatte, seine Sache, das Geigespielen, auf Konzerten oder bei CD-Aufnahmen so erstklassig zu machen, wie er nur konnte. Aber er glaubte und glaubt nicht an den »Wunderkind«-Mythos. Damals nicht, weil seine Eltern ein Auge darauf hatten, dass er nicht abhob. Sie hätten, wie er im Interview mit »Partituren« 2007 verriet, »den Kochlöffel herausgeholt«, wenn er sich als Star gebärdet hätte. Sie hätten ihm schlicht auch viele positive Kritiken und Bewunderungsbekundungen nicht mitgeteilt. Das hätten seine Schwester Elena und sein Bruder Alexander erledigt.

Als »Wunderkind« hat er sich nie gesehen, und David hält den Begriff auch nur für eine PR-Masche. Denn, wie der Aachener in etlichen Interviews stets gebetsmühlenartig betonte, dahinter steckt harte Arbeit. Er übte als Teenager sieben, acht Stunden am Tag, damit er seiner Violine gekonnt Töne auf Weltklasseniveau entlocken konnte. Von einem

»Wunder«, das vom Himmel fiel, konnte da nicht die Rede sein, vielmehr von diszipliniertem Üben. Doch würde man das dem Publikum vermitteln, so David, würden eher Mitleid aufkommen und ein schlechtes Gewissen, Eintrittskarten für ein Konzert mit einem geschundenen Kind zu kaufen. Die Anerkennung für die Leistung und letztlich der Genuss der Musik würden zur Nebensache werden. Da passt der Terminus Wunderkind besser, um die geneigte Zuhörerschaft anzuziehen. Daher ist klar, dass David 2008 in der englischen »Times« kurz und knapp dazu verächtlich sagte: »Ich hasse diesen Begriff.«

Dennoch bezeichneten ihn das Fachpublikum und die entsprechenden Medien wegen seiner Qualitäten eines Weltklasseviolinisten genau als das, nämlich als Wunderkind, und lobten ihn, als er gerade zum Teenager geworden war, geradezu in den Himmel.

Das damals noch dunkelhaarige Jungtalent wurde immer populärer und hatte sich bald einen Ruf als Klassik-Hoffnungsträger erspielt. Dadurch konnte er mit den profiliertesten Dirigenten zusammenarbeiten, wie beispielsweise Claudio Abbado.

Der 1933 in Mailand geborene Italiener hat als Chefdirigent und Musikdirektor einen international ausgezeichneten Ruf. Er arbeitete mit den New Yorker und Berliner Philharmonikern, mit dem London Symphony Orchestra, dem Chicago Symphony Orchestra, an der Mailänder Scala und an der Staatsoper in Wien. Abbado gründete das Festival »Wien Modern«, das sich Aufführungen internationaler zeitgenössischer Musik widmet. Außerdem ist er der Initiator des European Community Youth Orchestra und des Gustav Mahler Jugendorchesters, die beide den musikalischen Nachwuchs fördern.

Keine Frage, Claudio Abbado ist ein Meister seines Fachs. Als er mit David zusammenarbeitete, hatte der junge Künstler jedoch einige Probleme damit, dass der Dirigent ihm wenig Spielraum für eigene Ideen ließ und sich vor allem an seinen eigenen Vorstellungen orientierte, wie die Werke zu klingen haben. Das war für den jungen Violinisten nicht leicht zu akzeptieren. Dennoch war er froh, mit einem solchen Meister zusammenarbeiten zu können.

Das erste gemeinsame Projekt war eine kleine Sensation, denn David bekam von dem bekanntesten und wichtigsten deutschen Klassik-Label überhaupt, der »Deutschen Grammophon«, einen exklusiven Plattenvertrag. Da David erst 13 Jahre alt war, bedeutete dies einen neuen Rekord, denn er war damit der jüngste jemals für das Plattenunternehmen verpflichtete Solokünstler.

Auf seinem CD-Debüt, das am 2. Oktober 1995 herauskam, widmete sich David Beethovens »Frühlingssonate«, Johann Sebastian Bachs Partita Nr. 2 in d-Moll für Soloviolline und Mozarts Adagio für Violine und Klavier. Kurz darauf, am 23. Oktober, schob »Grammophon« ein weiteres Album hinterher, für das David Mozarts Violinkonzerte in D-Dur mit dem Chamber Orchestra of Europe unter Abbados Leitung und die Sonate in B-Dur für Klavier und Violine einspielte.

Die Kritiker waren begeistert – und erstaunt, wie ein so junger Violinist die Illusion erzeugen konnte, da spiele ein gestandener, erfahrener musikalischer Könner. Das Nachrichtenmagazin »Focus« schrieb nach der Veröffentlichung: »Die gemeinsame Aufnahme verschiedener Mozart-Konzerte überzeugt.«

Allerdings war der Redakteur damals von einem kleinen Konzert im Spiegelsaal des Hamburger Museums für Kunst und

Gewerbe vor ausgesuchtem Publikum, das die »Deutsche Grammophon« veranstaltete, wenig angetan. Der Grund: David war zu nervös, um seine sonst gewohnt bravouröse Leistung zu bringen.

Der Auftrittsstress und die sieben bis acht Übungsstunden pro Tag forderten allmählich ihren Tribut. Doch David ließ sich nicht beirren. Er spielte weiter und machte mit 16 Jahren eine weitere prägende Erfahrung mit einem exzellenten Musiker – David machte die Bekanntschaft eines der größten Geigenvirtuosen des 20. Jahrhunderts: Yehudi Menuhin.

Der 1916 in New York geborene Violinist und Dirigent bekam seine erste Geige mit vier Jahren. Sie bestand allerdings aus Stahl, was ihn dazu veranlasste, sie wütend wegzuwerfen. Nachdem seine Familie mit Unterstützung der Großmutter eine echte Violine aus Holz gekauft hatte, erhielt er bei dem österreichischen Geiger Sigmund Anker in San Francisco Unterricht, anschließend bei Louis Persinger. Schon mit neun Jahren gab er 1925 mehrere Solokonzerte in seiner Heimatstadt. 1927 siedelte seine Familie nach Paris um. Dort gab er als Zwölfjähriger 1929 das legendäre »Konzert der drei B« (d.h. Bachs Violinkonzert E-Dur sowie die Violinkonzerte von Brahms und Beethoven) zusammen mit den Berliner Philharmonikern unter Bruno Walter in der Berliner Philharmonie. Er wurde zum weltweit gefeierten Konzertviolinisten, erlebte jedoch in den 1940er Jahren einen Zusammenbruch. Menuhin fing sich wieder und gab nach dem Ende des Zweiten Weltkriegs erneut Violinkonzerte. Nebenbei förderte er junge Talente und rief Wettbewerbe und Stiftungen ins Leben.

So gründete er 1963 in London eine eigene Geigenschule. Seit 1977 fördert er junge Talente mit seiner gemeinnützigen Organisation »Live Music Now« in England. Deren Mitglieder organisieren eintrittsfreie Konzerte in sozialen Einrichtungen und können auf diese Weise Auftritte üben. Damit nicht genug: Seit 1982 leitete Menuhin als Chefdirigent das Royal Philharmonic Orchestra. 1983 initiierte er den jährlichen Wettbewerb »Yehudi Menuhin International Competition for Young Violinists«. 1999 gründete der Musiker neben der internationalen die »Yehudi Menuhin Stiftung Deutschland«, welche die Kreativität von Kindern insbesondere in sozialen Brennpunkten fördern soll, um damit ihre soziale Kompetenz zu stärken. Menuhin starb 1999, drei Jahre nachdem er das junge Talent David Garrett weiter auf seinem Weg gefördert hatte.

An diesen großen Lehrmeister hat David die schönsten Erinnerungen. Mit ihm als Dirigenten führte er im Wiener Musikverein 1997 das Violinkonzert h-Moll op. 61 des englischen Komponisten Edward Elgar auf. Der Auftritt wurde ein phänomenaler Erfolg, und David blickt immer wieder gerne darauf zurück.

Menuhin, der das Werk schon selbst und sogar noch mit dem Komponisten Elgar aufgenommen hatte, probte eine ganze Woche mit seinem neuen Schützling. Er gab ihm das Gefühl, dass sie sich auf Augenhöhe begegneten, dass nicht der eine der Meister und der andere der Lehrling sei, ganz ähnlich wie bei Ida Haendel.

David und der große Virtuose verstanden sich ausgezeichnet, der Ton zwischen beiden wurde lockerer, und der junge Geiger knüpfte mit Menuhin freundschaftliche Bande. Auf der Bühne, so erinnerte sich David im Gespräch mit der Zeitschrift »GQ«, spürte er »plötzlich eine ganz besondere musikalische Verbindung«. Nach diesem Konzert schrieb er, wie der Violinist sagt, »noch einen sehr lieben Brief«.

Diese Begegnung und besonders die Akzeptanz und Freundschaft, die David durch Yehudi Menuhin erfuhr, stärkten sein Selbstbewusstsein. Und mit diesem Gefühl im Rücken wagte sich David an ein Projekt, das ihn rückblickend in eine bis dahin unerwartete Richtung seiner Karriere bringen sollte. Der junge Musikstar setzte es sich in den Kopf, die 24 Capricen von Niccolò Paganini einzuüben und aufzunehmen, ein Werk, das als das schwierigste für Violinisten überhaupt gilt.

Sie stammen nicht umsonst von einem Mann, der als Violinist und Komponist schon zu Lebzeiten – speziell bei seinen deutschen Zuhörern – den Ruf des »Teufelsgeigers« hatte. Paganini, der in Europa in der ersten Hälfte des 19. Jahrhunderts Furore machte, gilt als der bedeutendste Geiger der Musikgeschichte. Mit seinen Werken stellte er seinen Nachfolgern immer wieder schier unüberwindbare Aufgaben. So erfordern die Capricen eine unglaubliche Konzentration, denn der Geist muss genauso wie der Körper auf Hochtouren arbeiten, wenn der Bogen in atemberaubender Geschwindigkeit über die Saiten springt.

Die 24 Capricen für Solovioline sollten – so wollte es Paganini – Geigern zu Studienzwecken dienen. Doch diese munkelten, die Stücke seien »vom Teufel besessen«. Und wer sie spielen könne, so wird gesagt, sei in der Lage, jedes andere Stück für die Violine zu beherrschen.

Das schreckte David jedoch nicht ab. Er wollte die Einspielung versuchen, obwohl er die Capricen nicht genau kannte. Er beherrschte gerade mal drei davon, ohne das Ausmaß an Arbeit zu ahnen, das dahintersteckte, wenn er sie alle lernen und spielen würde.

Davids Vater Georg war einverstanden und verhandelte mit der »Deutschen Grammophon« über eine CD-Aufnahme. Die dort Verantwortlichen stimmten zu, weil sie wohl dachten, ihr junger Klassikstar hätte schon sämtliche Capricen gespielt. Langsam dämmerte es David, worauf er sich einließ, denn er sollte alle 24 Capricen in nur zwei Monaten lernen – und das in einer Karrierephase ohne Lehrer. Tatsächlich stand ihm keiner der Meister, die ihn sonst ab und zu begleitet hatten, in dieser schwierigen Zeit zur Seite.

Solch ein Partner hätte vielleicht noch die Notbremse ziehen können, aber David hatte diese Unterstützung damals nicht. Und damit blieb es dabei: Georg Bongartz und die Plattenfirma waren sich einig, dass er alle 24 Capricen lernte, und erwarteten die Aufnahmen.

Der aufstrebende Klassikstar verkniff sich den Rückzieher und wandelte seine Bedenken in pure Obsession um. Er stürzte sich in die Arbeit und übte wie besessen, in jeder Minute, buchstäblich Tag und Nacht. Damals entdeckte er einen Charakterzug, der bis in die Gegenwart immer wieder aufblitzt: David sucht gern seine Grenzen. So erklärte er in einem Interview für die Online-Ausgabe der »Frankfurter Allgemeinen Sonntagszeitung« am 16. Mai 2010: »Das soll jetzt nicht arrogant sein – es geht mir einfach darum, meine eigenen Limits zu finden.«

Genau die erreichte der junge David mit den Caprice-Übungen, und er ging darüber hinaus. Er überforderte seinen Körper schließlich. Sein Rücken und seine Schultern waren zu sehr strapaziert, so dass er einen Bandscheibenvorfall erlitt. Außerdem war sein kleiner Finger taub.

Dennoch schaffte der damals 15-Jährige – als jüngster Geiger überhaupt – die Capricen-Aufnahmen, die er zusammen mit dem Pianisten Bruno Canino für das »Grammophon«-Album einspielte, das am 1. April 1997 herauskam. Und mehr als das: David absolvierte eine Meisterleistung. Er lässt seine Violine tanzen, sie singt, weint, lacht, und das alles mit großer technischer Brillanz.

Doch die Einspielung forderte einen hohen Tribut, denn nach der Übungsphase konnte David vier Jahre lang nicht mehr ohne starke Schmerzen im Rücken und in den Fingern Geige spielen. Doch der Violinstar biss sich durch, denn, so erinnerte er sich im Gespräch mit der Zeitschrift »Bunte« 2007: »Mir war es peinlich, abzusagen. Ich hatte Angst, das Publikum und meine Eltern zu enttäuschen.«

Also machte er weiter und ließ sich trotz der gesundheitlichen Probleme – zunächst – nicht entmutigen. So war er wiederum nur ein paar Monate nach der Paganini-Tortur auf der »Beethoven-Edition Vol. 7« vertreten, die als CD-Set die Violinsonaten des Klassikers sammelte und am 7. Oktober 1997 herauskam. Neben Yehudi Menuhin waren der Violinist Gidon Kremer sowie die Pianisten Wilhelm Kempf, Martha Argerich und Bruno Canino zu hören. David spielte darauf Beethovens »Sechs deutsche Tänze« ernsthaft und gleichzeitig mit Schwung und Energie, virtuos begleitet von Bruno Canino.

Aber auch live machte David weiter und reiste in der Welt umher. So führte ihn ein Engagement nach Indien, wo er zusammen mit den Münchner Philharmonikern mit Zubin Mehta als Dirigent 1997 in Delhi und Mumbai auftrat, als Beitrag der Bundesrepublik Deutschland im Rahmen der Feierlichkeiten zur 50-jährigen Unabhängigkeit Indiens.

Der in Mumbai geborene renommierte Dirigent Zubin Mehta leitete bereits mit 16 Jahren erstmals das Symphonieorchester von Mumbai. Er hat als Musikdirektor u.a. die philharmonischen Orchester in Los Angeles, New York und Israel dirigiert. Daneben war Mehta Chefdirigent des Maggio Musicale in Florenz und Operndirigent in Montréal, an der Metropolitan Opera in New York, an der Wiener Staatsoper, an der Bayerischen Staatsoper, am Londoner Royal Opera House

Covent Garden, an der Mailänder Scala und an den Opernhäusern von Chicago und Berlin sowie bei den Salzburger Festspielen.

Mit Zubin Mehta kam David sehr gut zurecht. Der Geiger sagte über ihn im Magazin »Stern« im April 2008, er sei »immer großartig«. Wie Mehta ihn als jungen Geiger begleitet und angeleitet und wie sensibel er seine musikalischen Vorstellungen vermittelt habe, war für David sehr beeindruckend.

Im Sommer 1998 ging es wieder auf Reisen, diesmal nach Israel. David war als einer von 45 Violinisten unter 300 Bewerbern aus 18 Ländern ausgewählt worden, an dem weltberühmten »Keshet Eilon Violin Master Course« im Kibbuz Eilon teilzunehmen. Bei diesem seit 1990 jährlich stattfindenden Seminar werden 50 Geigenschüler und Violinprofessoren aus aller Welt eingeladen, um mit israelischen Künstlern gemeinsam zu musizieren. Zwei Absolventen des Master-Seminars wurden damals gefragt, ob sie auf einem Benefizkonzert der »American Friends of Keshet Eilon« ihre Geigenkünste zu Gehör bringen wollten. Dazu gehörten die Amerikanerin Bracha Malkin und David Garrett, die beide am 12. Dezember 1998 in Scarsdale, einer Stadt in der Nähe New Yorks, auf der Wohltätigkeitsveranstaltung spielten. Neben den beiden Nachwuchstalenten musizierten andere Könner wie der Geiger Vadim Gluzman und die Pianistin Angela Yoffe, beide israelischer Herkunft.

Ob David nun Benefizkonzerte mit anderen herausragenden jungen Musiktalenten spielte oder als Solist mit weltbekannten Dirigenten arbeitete, immer prasselten Lobeshymnen auf ihn herab – und das besonders von den ganz Großen seiner Zunft, die mit ihm Konzerte absolviert oder ihn beim Geigenspiel erlebt hatten.

Yehudi Menuhin schwärmte über ihn: »Seine Auftritte sind einfach absolut wundervoll.« Und er adelte ihn, als er sagte, David sei einer der »größten Violinisten seiner Generation«.
Für seine Lehrerin Ida Haendel stand ganz ähnlich fest: »Ich glaube, David Garrett ist einer der besten jungen Violinisten in der Welt.« Und sie lobte: »Er ist ein wunderbarer Violinist mit einer exzellenten Technik und einer natürlichen Musikalität.«
Auch andere, die sein Spiel gehört hatten, waren begeistert, wie beispielsweise die Geigerlegende Isaac Stern: »Er ist einer der begabtesten Vierzehnjährigen, die ich jemals gehört habe. Und ich muss mir selbst in Erinnerung rufen, dass er tatsächlich erst 14 Jahre alt ist.«
Der von David so verehrte Zubin Mehta blickte in die Zukunft und sagte wohlwollend voraus: »Ich habe David beobachtet, seit er elf Jahre alt war, und ich bin mir sicher, dass er eine wichtige Persönlichkeit in der musikalischen Welt des 21. Jahrhunderts wird.«
Keine Frage, diese Koryphäen sahen in David ein Talent mit einem enormen künstlerischen Potenzial, einen Hoffnungsträger, der, so hatte es den Anschein, seinen Weg als Klassikweltstar ohne Umwege stetig weitergehen würde.
Es sollte anders kommen, denn Davids Karriere galoppierte zwar rasend schnell in den Klassik-Olymp, aber sie begrub den Jungstar unter sich und geriet für ihn außer Kontrolle.
David absolvierte mittlerweile als Teenager von 17 Jahren bis zu 90 Konzerte pro Jahr, die ihn von Russland bis nach Südamerika führten. Dazu kamen die anstrengenden CD-Aufnahmesessions, ganz zu schweigen von den täglich sieben bis acht Übungsstunden, und das alles nach den Paganini-Einspielungen auch noch mit körperlichen Schmerzen. Kein Wunder, dass David irgendwann in dieser Zeit die Lust am

Spielen verließ – und die Liebe zur Geige zeitweise in Hass umschlug.

Aber er spielte weiter, oft bis spät in die Nacht, denn da waren die Erwartungen, Karriere zu machen, von seinem Management, von seinem Publikum und nicht zuletzt von seinen Eltern.

Dove und Georg gegenüber, die ihn auf seinen Reisen begleiteten, wann immer es möglich war, fühlte der junge Geiger eine Verpflichtung, den eingeschlagenen Weg zum Star fortzusetzen. Das entsprach ganz und gar den Vorstellungen seiner Eltern.

So meinte seine Mutter, wie David im »Fluxx-Magazin« erzählte, dass er ruhig durch eine »harte Schule« gehen könnte. Sie habe selbst als Balletttänzerin genauso schwer geschuftet, und es habe ihr nicht geschadet.

Das war ein strenges Regiment, bei dem manchmal die Nerven blanklagen. Da wurde geschrien, die Türen wurden ins Schloss geknallt, oder die Eltern stritten sich vor Auftritten.

David sagt von sich im »Eventim Magazin« 2009, dass er daraus gelernt habe und sich nicht so leicht über bestimmte Situationen aufrege. Sein Vater reagiere immer so aufbrausend, und das wolle er auf keinen Fall nachahmen, weil ihn das zu viel Kraft koste. Und die brauche er nun mal für seine Arbeit, das Geigespielen. Die Schreierei lehne er absolut ab, er halte sie für »ein Zeichen von Schwäche«.

In solchen Sätzen steckt eine gehörige Portion Kritik am Vater. Doch in Mediengesprächen nimmt David ihn wie auch Dove in Schutz und lässt nicht zu, dass sie dafür verurteilt werden, ihn zur Violinistenkarriere gedrängt zu haben. Immer argumentiert er dagegen und sucht Erklärungsversuche für ihr Verhalten. So sagte David über das nicht enden wollende Üben als Kind und Teenager in der »Hamburger Morgenpost«, dass dies zwar sehr anstrengend gewesen sei, er aber dafür heute nicht mehr annähernd so viele Stunden investieren müsse. Die für einen Teenager enorme Belastung durch die vielen Auftritte entschuldigte er damit, dass die Eltern nicht allein Davids Karriere zahlen wollten. Es sollte etwas dabei herauskommen, sie wollten Resultate sehen, wozu auch Geld zählte, denn die Geigenlehrer, die Fahrten zu den Konzerten, die Instandhaltung der Geige usw. kosteten eine Menge. Das wurde durch die Einnahmen von Konzerten, Plattenaufnahmen und -verkäufen abgefedert.

Diese Energie aufzubringen und die Situation zu meistern, dass ihr Sohn in der Öffentlichkeit stand, dass sie als Eltern auf ihn achten mussten, damit alles glattlief, war für Dove und Georg ebenfalls nicht leicht. David sagte in einem ARD-TV-Special aus dem Herbst 2009 quasi entschuldigend: »Es war eine sehr anstrengende Zeit, auch für meine Eltern, weil es neben der Schule nichts anderes gab als arbeiten, üben, Stücke lernen, Konzerte vorbereiten, Konzerte spielen, auf Reisen gehen, Leuten vorspielen.«

Und über die manchmal angespannte Laune im Hause Bongartz-Garrett erzählte David mit einem ironischen Augenzwinkern in der Zeitschrift »Jolie«, dass seine Eltern oft das Üben auf der Violine nervte. Deshalb hätten sie ihn »sehr gefordert«, so erklärte David scherzend weiter, damit er möglichst rasch der Geige angenehmere Töne entlocken konnte. »Wahrscheinlich dachten sie sich: ›Das halten wir nicht länger aus!‹«

So könnte man ihren Erwartungsdruck auch interpretieren und immer wieder eine Begründung für ihr Verhalten finden. Diese wirkt allerdings eher wie eine etwas weit hergeholte Entschuldigung für Davids Eltern.

In einem Internet-Blog der »Zeit«, in deren Rubrik »Kinderzeit«, lobt der ehemalige Kinderstar Dove und Georg: »Wenn meine Eltern und mein Lehrer mich nicht gedrängt hätten, hätte ich wahrscheinlich viel weniger geübt.« Und dann wäre er nicht so weit gekommen, wie er heute ist. Er wäre vielleicht nicht der in aller Welt populäre Geigenstar. Doch David schob noch mit leise spürbarem Bedauern hinterher: »Aber das war wie Zähneputzen: Das musste gemacht werden, da gab es keine Diskussion.«

Später im Gespräch mit der »Zeit« bemerkt er noch, dass es in Ordnung sei, wenn die Eltern ein wenig zum Üben drängen – doch der Wille zum Spielen sollte schon vom Kind selbst kommen.

Und wie stand es damit bei David selbst? Wie sehr ließ der Deutschamerikaner sich aus freien Stücken auf die Tortur einer Kinderkarriere ein? Sein Vater erklärte der Zeitung »Morgenpost« im Januar 2009, dass David am Anfang mit mehr als nur Feuereifer dabei war: »David hatte schon als Kind viel Energie, wenn es ums Geigespielen ging. Ich musste ihn zurückhalten.« Und sein Sohn selbst bestätigte sein damaliges Temperament laut »Bild der Frau« im Dezember 2008: »Als Kind war ich ungeduldig und hyperaktiv.«

In der Tat war David – und ist es noch – regelrecht wild auf das Geigespielen und entwickelte einen Perfektionismus, der ihn bis heute stetig an seinen Violinkünsten feilen lässt. Dass seine Leidenschaft für die Geige von Anfang an aufblühte und ihn über alle Hürden trug, war vermutlich sein Glück, denn sonst wäre er sehr schnell als kleiner Junge an dem Erwartungsdruck der anderen, der Erwachsenen um ihn herum, zerbrochen.

Die Karriere, die David machte und die ihm – so glaubten alle, die ihn kannten – bevorstand, forderte jedoch ihren Preis.

Und der bestand, neben den körperlichen Problemen durch das harte Üben und die nervliche Anspannung vor und während der Konzerte, darin, dass David ein ziemlich einsames Leben führte.

Im Grunde war er ein Junge wie jeder andere auch und brauchte Gleichaltrige, mit denen er als Kind spielen, sich messen, Spaß haben konnte. Doch die hatte er nicht, weil er im goldenen Käfig saß und Geige spielte.

David erlebte so gut wie nichts mit anderen Kindern. Er stromerte nicht durch die Wälder und hatte keine typischen Jungenabenteuer. Er war durch seine Begabung und seinen »Wunderkind«-Status ein Einzelgänger geworden, der schüchtern mit der Welt außerhalb der Klassik- und Musikgrenzen Kontakt aufnahm. Wie zurückhaltend er im Gegensatz zu seinem Verhalten als erwachsener Mann war, verriet David in einem Gespräch mit »Meier-Online« aus dem Januar 2009: »Ich habe damals vor dem Reden lieber zweimal überlegt. Mittlerweile vertraue ich mir selbst mehr und sage offen, was ich denke.«

Doch damals wurden ihm Grenzen gesetzt, mehr Selbstvertrauen im Umgang mit Gleichaltrigen und Erwachsenen zu entwickeln. Das Geigespielen und die Karriere standen zu sehr im Vordergrund. Dafür wurden alle Hebel in Bewegung gesetzt, auch was die Schule anging, denn diese musste ebenfalls zurückstehen. David sah schon als Grundschüler die Klassenräume nur zwei bis drei Tage in der Woche von innen, da Geigeübungen und Auftrittsvorbereitungen Vorrang hatten. Dann war er wieder unterwegs zu Auftritten oder besonderen Musiklehrern, die nicht in Deutschland lebten, wie etwa Ida Haendel.

Was ihm an Stunden in der normalen Unterrichtszeit fehlte, brachten dem jungen Musiker Privatlehrer bei. Erst in der elf-

ten Klasse ging er wieder regulär zur Schule, auf ein Gymnasium, weil er sich auf das Abitur vorbereiten musste und sonst den Stoff nicht bewältigt hätte.
Bis dahin jedoch stand das Geigespielen absolut im Vordergrund. Es war für ihn völlig normal, Konzerte zu geben und vor einem großen Publikum zu stehen, genauso wie er seine CD-Aufnahmen souverän und professionell absolvierte.
Aber alles, was das Leben eines Kindes und später eines Jugendlichen sonst ausmacht, war ihm fremd. Dazu gehörten völlig normale Dinge wie Klassenfahrten oder dass man sich Freunde nach Hause holt, wie der Junggeiger es bei seinem Bruder Alexander erlebte. Bedauernd erklärte David im Gespräch mit dem Magazin »Alice« Ende 2009: »Natürlich hat man sich schon mal gewünscht, auch auf eine Geburtstagsparty eingeladen zu werden, aber das war eben einfach so.« Man hat ihn nicht eingeladen, weil keiner aus seiner Klasse ihn kannte. Wenn sich die anderen nachmittags verabredeten, war David mit dem Geigeüben beschäftigt oder wieder auf Reisen.
Seine Heimatstadt Aachen war für ihn, wie er der »Aachener Zeitung« verriet, »in erster Linie Arbeitsstätte«. Er habe zu Hause immer nur geübt. Bis er 17 Jahre alt war, hat er sich, so schätzt David selbst, höchstens 40-mal außerhalb des elterlichen Hauses in der Stadt Aachen zum Vergnügen aufgehalten.
Er war ein Außenseiter, und damit können die anderen, normal aufwachsenden Kinder wenig anfangen. Wie der Musiker dem Magazin »Bild der Frau« verriet, wurde er wegen seines »Wunderkind«-Status, seines Sonderling-Daseins »von den anderen Kindern aufgezogen«. Für sie war er nur »der Geiger«.

Die Violine war sein Lebensinhalt, als Hobby leistete er sich nur noch das Münzensammeln. Andere Freizeitaktivitäten, die typisch für Jungen sind, musste er sich verkneifen. Zum Beispiel durfte er Fußball höchstens mal im heimischen Garten spielen. Draußen vor irgendeiner Garage kicken oder sich gar einem Verein anschließen durfte er nicht. Seine Eltern hatten viel zu große Angst, dass er sich die Hände verletzen und nicht mehr Geige spielen könnte.

Aus diesem Grund verboten sie ihm sogar Computerspiele, vermutlich, weil er seine Finger und Hände durch die Betätigung des Joysticks oder der Tastatur hätte überanstrengen können. Zweimal bekam er einen Gameboy geschenkt – der ihm sogleich wieder weggenommen wurde. Immerhin durfte er die Fernbedienung eines Fernsehers in die Hand nehmen.

Dove und Georg machten sich ständig Sorgen, dass ihm etwas passieren könnte, und ermahnten ihn mehrere Male am Tag, auf seine Hände zu achten – sein größtes Kapital, wie sie meinten. Diese Überbehütung, die seine Geschwister nicht in dem Maße zu spüren bekamen, setzte sich bis in die Gegenwart fort. Das verriet David im Dezember 2008 im »Morgenweb«: »Sobald irgendwo ein Fenster offen ist, heißt es: ›Junge, geh da weg, sonst kriegst du eine Erkältung.‹«

Das Ungestüme, Ausgeflippte, Wilde, das die Teenagerzeit eigentlich ausmacht, erlebte David nicht. Kein Wunder, dass sich später im Erwachsenenalter bei ihm Wünsche einstellten, die reichlich jugendlich wirken. So setzte er auf eine Liste der »Schweizer Illustrierten« mit der Überschrift »Zehn Dinge, die ich unbedingt tun muss« im Juni 2009 unter anderem, dass er als Fahrer bei einem Autorennen mitmachen will, und zwar »eines, bei dem man richtig Gas geben kann«. Dann nannte er als nächsten Punkt, dass er gern mal AC/DC live erleben

würde. Und er möchte Skateboardfahren lernen, weil ihm das natürlich auch in jungen Jahren verboten worden war.
Tatsächlich schirmten ihn seine Eltern als Kind und Teenager ab und ließen ihm nicht die Möglichkeit, ein normales Alltagsleben kennenzulernen und zu bewältigen, z.B. sich selbst einzukleiden, was seine Mutter für ihn erledigte, bis er 18 war, oder selbst etwas zu essen zu kochen oder schlicht durch die Stadt zu schlendern.
Immerhin, so erzählte der Deutschamerikaner 2009 im Gespräch mit der »Neuen Osnabrücker Zeitung«, habe es noch seine über alles geliebte Großmutter gegeben, die ihm »viel Liebenswürdigkeit« geschenkt habe.
Ein wenig aufgebrochen wurden diese Enge und dieser Druck dadurch, dass David sich auf dem Aachener Einhard-Gymnasium auf das Abitur vorbereitete. Dadurch änderte sich einiges, denn der Musiker entwickelte einen Bezug zu seinen gleichaltrigen Mitschülern in der Oberstufe, die er nun nicht mehr bloß ab und zu, sondern regelmäßig sah. Durch diese Kontakte bekam David eine neue Chance und entdeckte eine neue musikalische Welt.
Bis er 14 Jahre alt war, durfte David nur Klassik hören. Aber nun kam das dazu, was die meisten Teenager, die er in dieser Zeit kennenlernte, bevorzugten: Rock, Pop, Hip-Hop, Metal.
Das alles saugte er auf und entwickelte einen eigenen Geschmack für den Pop. Der junge Geiger erweiterte seinen Horizont der Töne, was ihn für seine spätere Arbeit sehr beeinflussen sollte.
Bis dahin entstammten seine Idole sämtlich der Klassikwelt: Da waren seine Lehrer Itzhak Perlman, Ida Haendel, Yehudi Menuhin und seine Geigenvorbilder. Dazu kamen Violinisten wie besonders der umstrittene Fritz Kreisler sowie Isaac

Stern, Nathan Milstein, der Pianist Arthur Rubinstein, Dirigenten wie Arturo Toscanini und Musiklegenden wie die Komponisten Leonard Bernstein, Rachmaninow oder Tschaikowski, die er für ihre leidenschaftlichen Musikwerke liebt, und, ganz speziell, Johann Sebastian Bach.

Doch mit dem Gang in die Oberstufe entdeckte David die legendäre Rockband Queen im Internet. Er war fasziniert von der Mischung aus sinfonischer Orchestrierung, die von E-Gitarren, harten Drums und dem genauso energetischen wie virtuos gesetzten Rock-Shouting des exzentrischen Sängers Freddie Mercury kontrastiert wurde. Dieser Bombast-Sound, etwa in Songs wie »Bohemian Rhapsody«, erinnerte David an Klassikkonzerte und öffnete ihm die Tür zur Rockmusik. Die erste nicht klassische CD bekam David zum 16. Geburtstag von einem Klassenkameraden geschenkt. Es war das Queen-Album »A Night At The Opera«, ein Klassiker der Rockmusik.

Freddie Mercury ist seitdem einer seiner Lieblingssänger. Mit ihm hätte David gern in einer Band gespielt, was auch für Bill Ward, den Drummer der Heavy-Metal-Veteranen Black Sabbath, gilt, denn dorthin führte Davids musikalische Expedition ebenfalls: zum harten Rock.

Den Schlagzeuger bewundert der junge Geiger bis heute, was man genauso vom Gitarrengott Jimi Hendrix sagen kann. Hart rockend ging es weiter auf Davids Entdeckungsreise, als er seine bis heute favorisierten Lieblingsbands entdeckte: die Hard-Rock-Pioniere Led Zeppelin und Metallica als die aktuellen Stars des Heavy Metal. Diese Gruppen, zu denen später beispielsweise noch die Punkrocker von Green Day oder die White Stripes kommen sollten, beeindruckten David so sehr, dass er Jahre später mit ihren Songs arbeitete und sie in sein Crossover-Konzept einarbeitete. Er mag diese Musiker

vor allem, weil sie durch die Bank glänzende Instrumentalisten sind – wie David selbst.
Aber er schätzt auch Rockstars, die eine glamouröse und leidenschaftliche Show bieten und sich dabei völlig verausgaben. Damit meint der Geiger, wie er immer wieder in Interviews sagte, Formationen wie Guns N' Roses oder AC/DC, wiederum aus der härteren Rockecke. Sie strahlen für ihn Energie pur aus und haben ein enormes Charisma. Und da lässt es sich der Geigenvirtuose nicht nehmen, sich genau wie bei klassischen Stücken völlig in diese Musik fallen zu lassen. Das verkündete er begeistert im Gespräch mit »GQ«: »Natürlich rocke ich mit, wenn ich AC/DC sehe. Ich bin der Erste, der sich in die Masse stürzt.«
Die Rocker sind für David in den vergangenen Jahrzehnten die maßgeblichen Innovatoren in der Musik, die »kreativeren Künstler«, wie er im Interview mit »Deutschlandradio Kultur« sagte.
Damals, als er diese Musik als Teenager entdeckte, war der Rock allerdings eher das, was er schon während seiner ersten Tage in den 1950er Jahren für die Jugendlichen bedeutete: eine Befreiung. In seinen Anfängen entstaubte der Rock 'n' Roll nämlich alte, überkommene Erwachsenenvorstellungen von Sexualität, Anpassung und genereller Lebensgestaltung. Er wurde zum Ausdruck von Wildheit, Körperlichkeit und aller Themen, die Jugendliche eigentlich interessieren. Er wurde zu einer Sprache der Jugend, zur musikalischen Rebellion gegen die Bevormundung durch die Erwachsenen.
Vielleicht war es auch das, was David anzog.
Neben diesen Vertretern der härteren Klänge entdeckte der angehende Abiturient aber einen weiteren Helden, diesmal aus dem Popbereich: Michael Jackson. David bewunderte ihn, weil er, genau wie Elvis oder die Beatles, etwas Neues

geschaffen hatte. Ganz genau erklärte der Geiger dies im Magazin »Alverde« im Januar 2010: »Das sind Menschen, die nicht nur sich, sondern eine ganze Generation neu definiert haben.« Speziell Jackson hat für ihn eine ganze Menge mit der Klassik zu tun, denn er war ein Perfektionist, was seinen Gesang und die Arrangements angeht. David vergleicht ihn gern mit dem wegweisenden Violinisten Jascha Heifetz, der für ihn genauso präzise und ohne Kompromisse spielte, wie der 2009 gestorbene US-Star sang und seine Show präsentierte. Er war für ihn ein Meister der alten Schule. Auch Michael Jackson beeinflusste David, wie er immer wieder betonte, und seine Musik ließ ihn nicht mehr los.

Und so merkte der junge Virtuose als Teenager, während er im Gymnasium Fuß fasste: Es gibt noch mehr zu entdecken und zu erleben als Klassik, die Geige und das Üben. Dazu zählte nicht nur, Rock und Pop zu hören, sondern auch, sich mal gehenzulassen. Und so raufte sich David ab und zu ganz gern mal auf dem Schulhof, was im krassen Gegensatz zum fein herausgeputzten, freundlich lächelnden Geigenjüngling in edler Garderobe während eines Konzertes stand. Der Schulleiter des Einhard-Gymnasiums, Richard Wagemann, drückte ein Auge zu, wenn das passierte.

Er und das Lehrerkollegium unterstützten David, wo es nur ging, und ermöglichten ihm seine Konzerte und seine Übungsstunden. So wurde David vom Sportunterricht befreit, weil die Gefahr, dass er sich verletzen könnte, zu groß war. Oder sein ehemaliger Musiklehrer Harald Steffens – von dem David nie eine Schulnote bekam – verlegte seine Stunden extra, damit das hoffnungsvolle Talent am Wochenende zu seinem Violinlehrer nach Hamburg reisen konnte.

Über Richard Wagemann, der das alles abnickte und erlaubte, sagte David traurig in der »Aachener Zeitung«, als er 2009 von seinem Tod erfuhr: »Sein Verständnis und seine Förderung haben entscheidend zur Entwicklung meiner Konzertkarriere beigetragen.« Er habe immer einen »Platz in seinem Herzen«.

Nach Wagemanns Pensionierung ließ der neue Schulleiter David jedoch fallen, als dieser gerade die zwölfte Klasse besuchte. Die Hilfestellungen wurden einfach gestrichen. Daraufhin absolvierten David und seine Schwester Elena noch das Abitur und verließen danach grollend die Erziehungsanstalt.

Zu diesem Zeitpunkt schwankte David in seinen Überlegungen hin und her. Seit er 14 Jahre alt war, kamen ihm Zweifel an dem für ihn anscheinend festgelegten Lebensplan, eine Berühmtheit auf dem Klassikparkett zu werden und ein erwachsener Star über die »Wunderkind«-Phase hinaus. Im Magazin »Kwick« erinnerte er sich, wie wichtig ihm diese Entscheidung war: »Wenn man sich in der Zeit nicht bewusst wird, was man liebt und was man nicht liebt, dann hat man es ein Leben lang sehr schwer mit sich selbst.«

David stand vor der Wahl. Er hätte wegen seiner guten Noten in der Schule genauso gut einen anderen Beruf als den des professionellen Geigers ergreifen können. Interessant fand er damals viele Bereiche, beispielsweise ein Studium der Mathematik, der Geographie oder der Sozialwissenschaften. Und er dachte sogar darüber nach, Arzt zu werden, wofür jedoch sein Abiturnotendurchschnitt von 2,6 nicht ganz gereicht hätte.

David hatte Zweifel daran, ob er überhaupt bei der Geige bleiben sollte, zumal ihm die bedrängenden Erwartungshaltungen von außen zu schaffen machten. Ihm war als Teenager bewusst geworden, wie sehr er in ein System verstrickt war, das ihn dazu verpflichtete, sein Talent in bare Münze umzusetzen und Karriere zu machen. Und es wurde ihm langsam klar, welche Verantwortung ihm auferlegt wurde. Schließlich beschäftigte er ein Management, wenngleich das auch öfter mal wechselte.

Bis zu seinem 19. Lebensjahr hatte er fünf verschiedene Manager, darunter legendäre Größen der Zunft wie Witiko Adler, der die bekannte Geigerin Anne-Sophie Mutter groß herausgebracht hatte, genauso wie David Garrett. Dessen Vater jedoch hatte andere Vorstellungen von der Karriere des jungen Violinisten, so dass die Zusammenarbeit wieder endete und der nächste Manager beschäftigt wurde. Diesem war er vertraglich verpflichtet, genau wie seiner Plattenfirma. Es wurden Gehälter dafür bezahlt, dass die Maschinerie um den jungen Stargeiger David Garrett rundlief. Und das Publikum, die Orchester und die Dirigenten erwarteten Höchstleistungen.

Diesen Druck hielt David langsam nicht mehr aus. Er wurde unglücklich in seinem goldenen Käfig, und das vor allem deshalb, weil ihm diese Enge der Verantwortung den Spaß am Spielen verdarb.

In vielen Interviews, die er später als Erwachsener zuließ, gab er allerdings seinen Eltern, die ihn genauso förderten wie forderten, nicht die Schuld dafür. Im Interview mit der »Neuen Woche« erklärte er im Februar 2010 zwar, wie fremdbestimmt er war: »Ich war entmündigt, durfte nicht meine Meinung sagen.« Doch zwei Sätze weiter nimmt er seine Eltern wiederum in Schutz: »Ich gehe davon aus, dass sie nur mein Bestes wollten.«

Dennoch reichte ihm die Entmündigung – und die Entfernung von der Geige. David wollte sich aus dem Karrierekorsett befreien und sich selbst verwirklichen. Er war auf der Suche nach seinem Platz in der Musikwelt. Das drückte der

Violinvirtuose in einem TV-Special der ARD im Herbst 2009 so aus: »Ich glaube, ich habe als Kind nie Zeit gehabt, selber herauszufinden, was ich eigentlich machen möchte und was Musik für mich bedeutet.«

Nur, wie sollte er das damals als gerade 18-Jähriger anfangen? Wie konnte der Befreiungsschlag für ihn aussehen?

So richtig wusste David das selbst nicht. Er wollte nur erst mal weg von seinem bisherigen Leben – und zog nach London. Er mietete sich dort eine Wohnung und schrieb sich im Royal College of Music ein.

Doch der Unterricht langweilte ihn tödlich, so dass er die Stunden schwänzte. Dazu kam, dass er immer noch unter den Nachwirkungen der Capricen-Übungen litt und Schmerzen beim Spielen hatte.

Die Geige machte dem Musiker weiterhin keinen Spaß, er war unzufrieden und wollte damit nichts mehr zu tun haben. Der ehemalige Kinderstar schrieb sogar Bewerbungen an andere Universitäten, in denen alles, nur nicht Musik gelehrt wurde.

David hatte zu diesem Zeitpunkt mit dem Geigespielen abgeschlossen und widmete sich nun lieber dem Londoner Nachtleben. Er zog mit neuen Freunden durch die heißesten Clubs der Metropole, hörte dort Pop, Jazz, Rock, Hip- und Trip-Hop, alle möglichen Stile der Popmusik – nur keine Klassik. Der Ex-Kinderstar feierte exzessiv Partys, ließ sich tätowieren. David holte nun nach, was er alles in der Jugend versäumt hatte. Und dazu gehörten, wie die »Stuttgarter Nachrichten« im Januar 2010 berichteten, Frauen und Alkohol.

In dieser hitzigen Londoner Phase ließ sich David ziellos treiben. Er hatte keine Lust mehr darauf, Geige zu spielen, aber musste sich dennoch aufraffen, weil er noch einige Konzerte zu bestreiten hatte. Allerdings beschwerten sich die Leute aus der Nachbarwohnung, wenn er die notwendigen Übungen

nach sieben Uhr absolvieren wollte. Das war ihnen für diese Uhrzeit schlicht zu laut und nervig.
Also überlegte David, sich lieber in seiner Musikschule vorzubereiten. Dort waren extra ein paar Räume dafür eingerichtet worden, dass die Lehrer auf ihren Instrumenten üben konnten. Das ging bis 18 Uhr, dann waren die Räume abgeschlossen. Sie nach diesem Zeitpunkt zu betreten war nicht erlaubt. Trotzdem verschaffte sich David Einlass, weil in den Räumen abends eine wesentlich bessere Akustik herrschte als tagsüber. Und: Dieses abendliche Üben half ihm enorm in seiner musikalischen Entwicklung weiter, wie er sich später erinnerte. Den Schlüssel konnte er sich nicht besorgen, also knackte er die Tür zu einem der Räume mit seiner Kreditkarte, was einige seiner Kommilitonen mitunter genauso machten.
Im Schlepptau hatte David ein paar Mädels, denen er vielleicht mit dem Einbruch imponieren wollte. Doch er war zu unvorsichtig gewesen, denn er wurde erwischt. Die Konsequenz war, dass der Geiger seine Sachen packen musste und von der Schule flog.
War das schon kein besonders erfreuliches Erlebnis, kam noch hinzu, dass einer seiner Freunde nach einer Überdosis Drogen an einem Kreislaufkollaps starb. Das schockierte David – und er wachte auf. Er besann sich darauf, was er eigentlich wollte, was er schon immer gewollt hatte: Geige spielen und Musik machen. Und das ehemalige »Wunderkind« brach sein London-Abenteuer schnellstens ab.
Allerdings zog es ihn auf keinen Fall zurück nach Aachen. Er wollte dort nicht weitermachen, wo er vor seinem Ausbruchsversuch aufgehört hatte: als Geigenroboter mit eingebauter Karrieregarantie.
Nein, David schmiedete einen besonderen Plan, heimlich, ohne dass seine Eltern davon eine Ahnung hatten. Er war als

Teenager schon einmal in New York gewesen und begeistert von der Stadt. Dorthin wollte er ziehen, um noch einmal Musik zu studieren. Aber seine Eltern waren dagegen, weil es zu weit weg von ihnen und ihren Kontrollmöglichkeiten lag. London war schön nah, da konnte man spontan hinfliegen, deswegen hatten sie gegen diesen Ortswechsel nichts einzuwenden gehabt.

Doch nun wollte David unbedingt nach New York. Einen Kontakt hatte er schon: den berühmten Geiger Itzhak Perlman. Der 1945 geborene Violinist stammt aus Israel und gilt als einer der bedeutendsten Geiger der zweiten Hälfte des 20. Jahrhunderts. An der Violine wurde er anfangs an der Academy of Music in Jaffa ausgebildet. Danach siedelte er in die USA um, wo er an der Juilliard School in New York bei Ivan Galamian und Dorothy DeLay studierte. 1963, mit 18 Jahren, gab Perlman sein Debütkonzert in der berühmten Carnegie Hall in New York.

Daneben war er oft zu Gast in Fernsehsendungen und wurde vor allem durch gemeinsame TV-Auftritte mit dem Geiger Pinchas Zukerman einem größeren Publikum ein Begriff. Außerhalb der Klassik wurde er durch die mit einem Oscar prämierte Filmmusik des Steven-Spielberg-Streifens »Schindlers Liste« bekannt. Das Hauptthema des Soundtracks ist ein Violinsolo, das Itzhak Perlman gewidmet ist und das er auch selbst spielt. Auch im Film »Die Geisha« mit der Musik von John Williams ist der Geiger zu hören. Außerdem spielte er 2009 auf der Einführungsveranstaltung des US-Präsidenten Barack Obama.

Perlman, der die kostbare Geige Soil Stradivarius aus dem Jahr 1714 spielt, die zuvor im Besitz Yehudi Menuhins war, ist auch als Lehrer und Leiter von Meisterkursen für Geige und Kammermusik international bekannt geworden. Er sah und

hörte David das erste Mal in Berlin, als ihm der Nachwuchsgeiger im Alter von zehn Jahren vorspielte. Der renommierte Musiker war begeistert von dem jungen Talent.
Daran erinnerte sich David wieder, als er plante, wie es mit seinem Leben weitergehen sollte. Und er rief sich in den Sinn, dass ihm der große Geiger Isaac Stern mal nach einem Festival einen Ratschlag wegen seiner Verunsicherung, was eigentlich seine musikalische Identität ausmache, gegeben hatte: Stern meinte, David sollte an einem guten Konservatorium wieder Musik studieren, und zwar Geige und Komposition, um sich in der Musik richtig zu Hause zu fühlen.
Damit fügte sich alles. David mochte New York. Und er konnte sich nichts Besseres für einen echten Neuanfang mit der Geige vorstellen als ein Studium im Big Apple bei Itzhak Perlman im Sinne Isaac Sterns.
Und: New York war weit genug von seinen Eltern weg. Sein Vater litt unter Flugangst, so dass er dort vor ihrem Einfluss sicher war.
Davids Entschluss stand fest: Er wollte nach New York. Also rief er kurzerhand Itzhak Perlman an, der prompt antwortete: Er habe gerade seine Stelle als Lehrer an der angesehenen Juilliard School als Inhaber des »Dorothy Richard Starling Foundation Chair« angetreten. Diese international anerkannte Institution hat als Musikkonservatorium und Schauspielschule weltweit einen glänzenden Ruf und gilt als Schmiede zukünftiger kreativer Meister. Perlman lud ihn ein: Wenn David dazu Lust hätte, könne er gern zu ihm kommen und in seine Meisterklasse einsteigen.
Sofort sagte David zu. Er erzählte seinen Eltern, dass er seinen Bruder Alexander, der damals in Boston lebte, besuchen wolle, und trat die lange Reise an, um im New Yorker Stadtbezirk Manhattan die Aufnahmeprüfung der Juilliard School

zu durchlaufen. Fast hätte er sie verpasst, weil er in einen Schneesturm geriet. Doch er schaffte es, sowohl rechtzeitig anzukommen als auch den Test zu bestehen. Überglücklich wollte er sein neues Leben als Student beginnen. Doch zuvor musste er seinen Eltern davon berichten – und sich erst einmal von ihnen verabschieden.

Das verlief nicht besonders angenehm. David versuchte oft, mit seiner Mutter darüber zu sprechen. Aber das wollte sie nicht, sie wollte einfach nicht erfahren, dass David ging. Und seinem Vater Georg konnte David es zuerst nicht sagen, weil dieser es total ablehnte, dass sein Sohn nach New York ging. Doch nun stellte David die beiden vor vollendete Tatsachen. Er konfrontierte sie zehn Tage vor dem Beginn des Studiums mit dem Schreiben, in dem ihm zugesagt wurde, dass er einen Platz an der Juilliard School habe.

Dove und Georg waren erst schockiert, dann verärgert. Sie hätten es lieber gesehen, dass ihr Sohn seine bisherige Karriere fortsetzte. Sie beschworen ihn dazubleiben. Schließlich hatte er doch einen Vertrag mit der berühmten »Deutschen Grammophon«, er habe einen guten Ruf. Wie könne er denn nun noch einmal Musik studieren? Wie sehe das denn aus, keiner würde ihn mehr ernst nehmen. Außerdem würde das Experiment New York sowieso danebengehen.

Aber an Davids Entschluss war nicht mehr zu rütteln. Die Verträge mit Plattenfirma und Management kündigte er und sagte alle Konzerte ab. Und seine Eltern? Die mussten ihn ziehen lassen, schließlich war er volljährig.

Sie waren so brüskiert, dass sie es ablehnten, David auch nur mit einem Cent zu unterstützen, geschweige denn sein Studium vollständig zu finanzieren, wie sie es bei Alexander getan hatten.

David wusste: Es war die richtige Entscheidung, um die Violine weiter spielen zu können. Das betonte er in einem Interview mit dem »Stern« aus dem Jahr 2008: »Ich hätte wohl sonst das Geigespielen aufgegeben. Es musste erst meine Sache werden.« Die Beziehung zu den Eltern kühlte merklich ab und normalisierte sich erst viele Jahre später. Bis 2008 besuchten die beiden David nur ein einziges Mal in New York, aber das war für Garrett junior in dieser Situation zweitrangig. Schließlich hatte er den Schritt in die Freiheit und die Flucht nach vorn gewagt. Mit 19 Jahren begann sein neues Leben in New York.

Auszeit

EIN NEUES LEBEN IN NEW YORK

David begann 2001 an der Juilliard School in New York sein Musikstudium, das vier Jahre dauern sollte. Diese international bekannte Institution, die nun seine neue künstlerische Heimat war, wurde 1905 mit dem Ziel gegründet, für den Fortschritt der Musik in den Vereinigten Staaten zu sorgen. Daran hat sich bis in die Gegenwart nichts geändert, es sind aber einige Funktionen hinzugekommen. Heutzutage ist die Juilliard School – benannt nach einem Textilhändler, der sich als finanzkräftiger Mäzen für die musikalische Entwicklung in den USA starkmachte – neben dem Curtis Institute das wichtigste Musikkonservatorium und die führende Schauspielschule in den Staaten.

An der Universität, die ihren Sitz im Lincoln Center in New York City hat, lernen gegenwärtig etwa 700 Studenten. Sie sind auf die drei Divisionen der Juilliard School aufgeteilt und werden in Jazztanz, Ballett, als Schauspieler oder als Musiker ausgebildet.

Die Aufnahmeprüfung, der sich jedes Jahr allein in der »Pre-College-Division«, der voruniversitären Abteilung für 5- bis 18-Jährige, rund 1200 Anwärter unterziehen, ist eine der schwersten überhaupt. 300 dieser Jungstudenten dürfen, wenn sie alle Tests erfolgreich durchlaufen haben, schließlich den Unterricht der Eliteschule besuchen.

Allein das zeigt schon, welche Qualitäten David als Musiker damals hatte und noch heute besitzt. Er schaffte diese Hürde und hatte die einmalige große Chance auf eine erstklassige musikalische Ausbildung, die pro Jahr umgerechnet stolze 33 000 Euro kostet und eventuell in eine Weltkarriere münden kann.

Und die haben nicht wenige Absolventen der Juilliard School beschritten. Das Institut ist berühmt für die aus ihm hervorgegangenen ausgezeichneten, international bekannten Künstler – und wird deshalb unter den Musikern, Schauspielern und Tänzern, die die Universität besuchten, als »die Fabrik« bezeichnet.

Dazu zählen weltbekannte Schauspieler wie William Hurt (z.B. zu sehen in »Gottes vergessene Kinder« oder der Neuverfilmung von »Robin Hood« aus dem Jahr 2010), der deutsche TV-Serienstar Sophie von Kessel, Val Kilmer (»The Doors«, »The Saint – Der Mann ohne Namen«), Kevin Kline (»Ein Fisch namens Wanda«, »Das Haus am Meer«), Elizabeth McGovern (»She's Having a Baby«, »Kick Ass«), der bekannteste Kino-»Superman« Christopher Reeve und Starkomiker und Charakterdarsteller Robin Williams (»Good Morning, Vietnam«, »Der Club der toten Dichter«).

Im Musikbereich lernten viele große Künstlerpersönlichkeiten an der Juilliard School ihr Handwerk, wie z.B. der legendäre Jazztrompeter Miles Davis, der berühmte Komponist Philip Glass, Davids Geigerkollege Nigel Kennedy, Barry Manilow, einer der letzten großen Show-Entertainer, der Jazztrompeter Wynton Marsalis, der Jazzpianist Thelonious Monk, Davids Lehrer Itzhak Perlman selbst, die Sängerin

Nina Simone, der »Star Wars«-Filmkomponist John Williams und viele mehr.
Und nun also David Garrett, der ganz begierig war, in der Meisterklasse der Violinistenlegende Itzhak Perlman sein Studium zu beginnen.
Die gewöhnliche Studentenzahl für die Juilliard-Universitätsdozenten liegt etwa bei 40 bis 50. Bei Perlman war es anders, weil er solch eine bekannte Persönlichkeit war. Er unterrichtete nur drei oder vier Studenten. Dass der Altmeister David in diesen erlesenen Kreis einschloss, erfüllte den jungen Violinisten mit großem Stolz.
Und David hatte vom Start weg Glück, denn in der ersten Unterrichtszeit konnte sich Perlman seinen Schülern ausgiebig und intensiv widmen, weil er wegen einer Verletzung an der Schulter weder Konzerte geben noch reisen konnte. Also blieb er in New York und gab mehr Unterricht als sonst, wovon David natürlich profitierte.
Noch heute sieht er Itzhak Perlman als sprudelnde Inspirationsquelle, als ausgezeichneten Motivator, der seine Studenten dazu bewegt, eigene Wege zu gehen und nicht den Stil irgendeines Musikers zu imitieren.
Der Meistergeiger, der mit vier Jahren an Kinderlähmung erkrankte, dann geheilt wurde, seitdem aber auf Krücken angewiesen ist und im Sitzen spielen muss, ist für David ein brillanter Lehrmeister gewesen. Perlman, mit dem David bis in die Gegenwart Kontakt hält und den er trifft, wann immer es geht, vermittelte seinem dankbaren Schüler ein tiefgehendes Wissen über die inneren Strukturen der Musik.
Genau das hatte David im Sinn. Er wollte wissen, warum ein Komponist sein Werk auf die eine Art und Weise schrieb, die bekannt geworden ist, welche Intention dahintersteckte. Er wollte die Musik, die er spielte, analysieren und damit durch-

dringen und verstehen. Später sagte der Stargeiger in einem Interview mit dem »Lufthansa Magazin« 2008, dass durch diese Schulung die Aneignung eines Stückes »erfüllender« für ihn sei, denn es würden ihm »viel mehr schöne Details und Nuancen auffallen«.

David studierte Kompositionslehre und Musiktheorie. Er durchlief beispielsweise Rhythmusübungen und ein Gehörtraining, bei dem die Schüler bis zu fünf oder sechs Melodien gleichzeitig spielen, um Partituren hören und verstehen zu können. Sie sollten lernen, die eigene Stimme herauszuhören – außerdem hatten die Lehrer auch ein wenig Spaß daran, ihre Schüler mit diesen schwierigen Übungen zu ärgern.

Permanent wurden seine Fortschritte kontrolliert, was vorher lange Zeit nicht geschehen war, weil David über Jahre hinweg keinen Lehrer an seiner Seite hatte. Daher war es für ihn sehr wichtig, wieder professionell alle Grundlagen der Musik einzuüben.

Der frischgebackene New Yorker Student war voller Elan und Ernsthaftigkeit bei der Sache. Er fing ganz neu mit der Entdeckung der Welt der Töne an, wie er im »Lufthansa Magazin« sinnierte: Es war für ihn, als hätte er »Musik vorher noch nie gehört«.

David war ganz begierig darauf zu lernen, und auf einmal kamen sie wieder hervor: die Leidenschaft für die Musik und das Bedürfnis, endlich erneut und intensiv Geige zu spielen. Die fasste der Saitenkünstler nämlich nach eigenen Aussagen in seinem ersten Juilliard-Jahr kaum an. Er übte nur noch täglich eine halbe Stunde, um sein Können nicht vollständig einzubüßen. Aber es waren nun keine sieben oder acht Stunden wie zu seiner Zeit als Kinderstar.

Doch in dieser ersten Zeit in New York konnte David durch das Lernen wieder eine Verbindung zur Musik herstellen und letztlich auch zur Geige. Die Freude daran kam etwa im dritten Semester zurück. Das beschreibt David in der Ausgabe 2/2008 der Zeitschrift »Ensemble«: »Einfach abends Licht ausmachen ... und dann spielen und spielen und spielen.« Und er sagte weiter: »In Juilliard habe ich gemerkt: Das kann ja wieder was werden.«

Der Wahl-New-Yorker hatte bald so viel Spaß an der Beschäftigung mit der Musik, dass er sogar auf den Gedanken kam, eigene Stücke zu komponieren und auf einem Album herauszubringen. Er realisierte seine Idee, begann, selbst Musik zu schreiben, und gewann prompt mit einer von Johann Sebastian Bach inspirierten Fuge 2003 den Kompositions-Wettbewerb der Juilliard School, bei dem sich immerhin noch hunderte andere Nachwuchstalente bewarben.

Was aber wäre geschehen, wenn diese Leidenschaft nicht wieder entfacht worden wäre? Welche Alternativen zur Geige und zur Musik hätte David gehabt? Auch dazu stellte er Überlegungen an. Er dachte an seinen Bruder, der auf der ehrwürdigen Harvard-Universität studierte, um Rechtsanwalt zu werden. So etwas hätte sich David ebenfalls vorstellen können. Seine Abiturnoten waren gut genug, und den Wahl-New-Yorker hätte ein Studium der Wirtschaftswissenschaften genauso interessiert wie etwa ein sozialer Beruf. Auch der Psychologie, die David schon zu Schulzeiten faszinierte, hätte er sich widmen können, vielleicht, um die eigenen seelischen Blessuren, die eine solch beengte Kindheit im Dauergeigenstress mit sich bringt, besser verarbeiten zu können. Tatsächlich sprach der Violinist während seiner Zeit als Student mit einem Psychoanalytiker, aber so etwas ist in einer Stadt wie New York schon Normalität. Fast jeder hat einen Therapeuten oder Analytiker, mit dem er psychische Probleme durcharbeitet oder mit dessen Hilfe er versucht, im Alltag besser

über die Runden zu kommen. Doch einen solchen Beistand konnte sich David in seiner Anfangsphase noch nicht leisten, weil ihn arge finanzielle Schwierigkeiten plagten.
Und das, obwohl der Violinvirtuose ungefähr 60 000 Euro pro Jahr durch Auftritte und Tantiemen verdient hatte, als er noch als »Wunderkind« bekannt gewesen war. Damals hatten Vater Georg und Mutter Dove sein Management und die Buchhaltung übernommen. Das hatten sie laut David jedoch nicht aus finanziellen Interessen getan, wie er dem »Stern« mitteilte: »Ich will das meinen Eltern nicht unterstellen.« Schließlich gab es eine Menge Ausgaben zu bestreiten – Davids Eltern zahlten von den Einnahmen bei Konzertbuchungen den Flug zum Auftrittsort und die Hotelrechnung selbst, was auch mal der Veranstalter hätte übernehmen können oder die Plattenfirma. Das ist in der Musikbranche durchaus üblich.
Zu diesen Ausgaben kamen noch die Versicherung für die Stradivari-Geige des Nachwuchskünstlers hinzu, die schon damals 10 000 Euro jährlich verschlang, sowie Unterrichtsstunden bei hochkarätigen Violinlehrern, die ebenfalls nicht billig waren. Diese Kosten waren so immens hoch, dass zu dem Zeitpunkt, als Davids Studium anfing, kein Geld mehr von seinen bisher eingespielten Einnahmen übrig war. Und damit hatte er ein beträchtliches Problem, denn seine Eltern hatten ihm jegliche finanzielle Unterstützung verweigert, weil sie mit diesem Studium absolut nicht einverstanden waren.
Mit anderen Worten: Das Portemonnaie des 19-Jährigen war gähnend leer, mehr noch: Er und seine Eltern hatten durch die Ausgaben der Vergangenheit sogar ca. 21 000 Euro Schulden aufgehäuft. Und: David musste irgendwie die 33 000 Euro aufbringen, die sein Studium pro Jahr kostete.

Aber nicht nur das. Schließlich hatte er Miete zu zahlen, und auch der Kühlschrank war zu füllen. Für sich allein zu sorgen und solche alltäglichen Dinge wie einkaufen zu gehen oder sich ein eigenes Bankkonto einzurichten, das waren für David ganz neue Aufgaben, weil das in früheren Zeiten seine Eltern für ihn erledigt hatten. So hatte er beispielsweise Probleme, seine Wäsche zu waschen – was sich bis in die Gegenwart nicht geändert hat. Er hat Schwierigkeiten damit, zu erkennen, welche Teile von den anderen getrennt gewaschen werden müssen. Daher steckt er, egal welche Farbe das Kleidungsstück hat oder aus welchem Material es besteht, alles in dieselbe Maschine, was zum Verwaschen der Farben führen kann. Damit das nicht geschieht, trägt der Geiger sehr oft dunkle Kleidung. Mittlerweile weiß David, wie er die Wäsche am besten reinigt, und er ist inzwischen auch in farbenfroherer Kleidung als früher zu sehen.

Die Waschmaschine stellte David auf, nachdem er im »Hell's Kitchen« (Teufels Küche), das auch »Clinton« oder »Midtown West« genannt wird, einem Viertel im New Yorker Stadtteil Manhattan, bei der Wohnungssuche fündig wurde. »Hell's Kitchen« liegt mitten im urbanen und kulturellen Leben der Stadt. Ganz in der Nähe ist das Lincoln Center for the Performing Arts zu finden, das bedeutendste Kulturzentrum der Stadt. Dort sind u.a. die Metropolitan Opera, das New York State Theater, die New Yorker Philharmoniker, das Vivian Beaumont Theater, das Film Society of Lincoln Center, ein Filmmuseum, in dem auch Kinofestivals veranstaltet werden, und neben weiteren Institutionen die Juilliard School beheimatet.

Aber nicht nur die Hochkultur brodelte um David herum. Von seiner Bleibe nur ein paar Straßen entfernt, tobte im Viertel Chelsea und noch ein wenig weiter im West Village das

Nachtleben in den Clubs. Eine vielversprechende und verlockende Umgebung – was man von Davids Wohnung nicht behaupten kann.

Er zog mit einem Kommilitonen in eine winzige Studentenbude, die von den Ausmaßen her an eine Gefängniszelle erinnerte. Im Sommer hatte die Behausung die unangenehme Eigenheit, sich gewaltig aufzuheizen, weil die Luft nicht richtig abzog, denn die Wohnung besaß nur ein kleines Oberlicht und keine richtigen Fenster. Damit David die Hitze, die schon mal über 40 Grad erreichte, überstehen, sich konzentrieren und trotzdem die Saiten streichen konnte, steckte er zwischen den Übungen den Kopf in den Kühlschrank, wie er immer wieder in Interviews erzählt. Seine Wohnung durfte jedoch nicht teuer und damit besser ausgestattet sein, da er an akutem Geldmangel litt. Der spätere Weltstar war sogar gezwungen, einige Kleidungsstücke und einmal seine Gitarre zu versetzen, um sich etwas zu essen kaufen und die Mietkosten tragen zu können.

Und er brauchte dringend eine Arbeit als Einnahmequelle. Konzerte geben wollte er in seiner New Yorker Anfangsphase nicht, obwohl einige seiner letzten Erfahrungen auf der Bühne wohltuend waren, wie etwa 1999, als er in Berlin mit dem Rundfunk-Sinfonieorchester unter der Leitung von Rafael Frühbeck de Burgos, einem der bedeutendsten spanischen Dirigenten, spielte und die Kritiker begeisterte.

Also nahm David die unterschiedlichsten Jobs an, die ihn neben seinen täglichen Studien oft abends und nachts beschäftigten. Er arbeitete als Barkeeper, Kellner, Bibliothekar, Verkäufer von Kleidung oder Eintrittskarten und als Milchaufschäumer in einem Coffee-Shop. Er putzte Badezimmer und quälte sich am Wochenende um 6 Uhr aus den Federn, um ein Lager aufzuräumen. Und er nahm sogar eine Beschäftigung als Toilettenmann in einem Parkhaus an und kassierte dafür 6,50 Dollar pro Stunde. Er selbst sagte über diese Tätigkeit, dass er »sehr penibel« war. Dazu meinte der Geiger in »Hallo Sonntag« im März 2009, dass ihn dieser Zusatzverdienst zwar reichlich viel Zeit kostete, er dadurch aber die angenehmen Seiten seiner Entwicklung in den Jahren danach besser zu schätzen wusste: »Wenn man acht Stunden Toiletten geputzt hat, freut man sich über jede positive Kleinigkeit und lernt, dass man den Erfolg auch genießen muss.«

Und in dem Magazin »Seitenblick« sinnierte David im Mai 2009, dass er trotz dieser wenig glanzvollen und genauso wenig lukrativen Jobs diese Jahre seines Lebens nicht verwünscht hätte und nicht missen möchte, weil sie für ihn die erste Zeit ohne das einengende Korsett des »Wunderkindes« waren: »Es war trotzdem eine geile Zeit, weil ich endlich frei war.«

Dennoch sprudelten die Einnahmen spärlich. Da kam der Violinist auf die Idee: Warum nicht mit der Geige nebenbei etwas dazuverdienen? Vielleicht würde das ja mehr Geld einbringen.

Das setzte der Saitenvirtuose sofort in die Tat um – was allerdings nicht in der Art und Weise geschah, die in einigen Medien die Runde machte: dass David in den New Yorker U-Bahnhöfen gespielt und den Hut hingehalten hätte, damit ihn die Passanten mit Geld füllten. Der Violinstar sagte selbst in Interviews, dass dies nur eine von vielen Legenden sei, die über ihn verbreitet würden.

Allerdings hat David durchaus Erfahrung darin, auf diese Weise mit der Musik Geld einzunehmen. Er verdiente sich als Kind mit der Geige ein paar Münzen dazu, wenn das Taschengeld nicht ausreichte, indem er sich einfach an die Straße setzte und den Bogen strich. Das funktionierte richtig gut, wie er dem Straßenmagazin »draußen!« Anfang 2010 berichtete. Der

Mini-Paganini erspielte sich so während eines Italienurlaubs 47 000 Lire oder umgerechnet etwa 24 Euro, die er ausgeben konnte. Das war damals für ihn eine Menge Geld.
Und nun in New York war er ebenfalls froh, überhaupt ein paar Dollar mit der Violine zu verdienen. Er setzte sich dafür zwar nicht auf die Straße, sondern ließ bei einigen privaten Auftraggebern zu Hause die Geige vor 30, 40 Leuten erklingen und bekam ein Essen als Honorar. Aber nicht nur das: David knüpfte dadurch Kontakte, die den späteren Neustart seiner Karriere anschoben.
Diese legte er wegen seiner Neuorientierung weiterhin auf Eis – auch wenn es nach außen hin nicht den Anschein hatte. David war seinem alten Label »Deutsche Grammophon« noch zwei Alben schuldig. Und die kamen mit Beginn des neuen Jahrtausends heraus.
Das erste wurde 2001 veröffentlicht, also knapp zwei Jahre nach seinem Start an der Juilliard School. Darauf widmete sich David zum einen dem von ihm hochgeschätzten Komponisten Peter Tschaikowski und dessen Konzert für Violine und Orchester in D-Dur op. 35. Hinzu kam eine besondere Einspielung ebenfalls eines Konzerts für Violine und Orchester in e-Moll des russischen Komponisten Jules Conus.
Der in unseren Breiten nicht sonderlich bekannte Yuli Eduardovich Konyus, wie er mit vollem Namen auf Russisch heißt, wurde 1869 geboren und lernte sein musikalisches Handwerk auf dem Konservatorium seiner Heimatstadt Moskau. Er stand in engem Kontakt zu Tschaikowski und Rachmaninow, die David beide verehrt. Wie der angehende Weltstar der Geige in der Gegenwart war auch Conus zu seiner Zeit nicht nur Komponist, sondern ein ebenso brillanter Saitenvirtuose. Er spielte sein Violinkonzert bei der Premiere 1898 höchstpersönlich.

David stieg tief in diese sehr farbigen und lyrischen klassischen russischen Kompositionen ein, zumal er sie mit dem renommierten Russischen Nationalorchester unter der Leitung von Mikhail Pletnev (russisch: Michail Wassiljewitsch Pletnjow) einspielte. Der 1957 geborene Dirigent, der auch als Pianist und Komponist bekannt ist, gründete das Russische Nationalorchester. Daneben arbeitete er mit der Philharmonia London, dem Tokyo Philharmonic Orchestra und dem niederländischen Concertgebouw Orchester. Außerdem ist er Erster Gastdirigent des Orchestra della Svizzera Italiana und wurde mit etlichen Auszeichnungen dekoriert, u.a. dem »ECHO Klassik« und 2005 sogar mit einem Grammy für die beste kammermusikalische Performance.
Mit diesem ausgezeichneten Dirigenten und einem ebenso herausragenden Orchester an seiner Seite nahm David das Album auf – dies jedoch bereits mit 17 Jahren und nicht, wie das Veröffentlichungsdatum November 2001 vermuten ließ, während seiner New Yorker Zeit, als er schon 19 war. David selbst betitelte das Album mit dem Namen »Pure Ecstasy«. Damit wollte er, wie der Geiger im Magazin »Klassikakzente« vom 18. Oktober 2001 sagte, ein Zeichen gegen die damals gerade sehr aktuelle synthetische Droge Ecstasy setzen. Sie hat eine euphorisierende, antriebssteigernde und halluzinogene Wirkung. Ecstasy gehört zu den harten und illegalen Drogen und kann das Hunger- und Schmerzgefühl betäuben. Die Folgen des Konsums sind Depressionen, Überhitzung bis zum Kollaps, Herzrhythmusstörungen, Herz- und Kreislaufbeschwerden, Gedächtnisstörungen, Angstzustände, Leber- und Nierenschäden und einiges mehr. Langzeitschäden sind bei ständigem Gebrauch vorprogrammiert.
Gegen diese und andere Drogen engagierte sich David zu der Zeit, als sein neues Album herauskam, bei der Initiative »Kei-

ne Macht den Drogen«. Der Geiger empfahl laut dem Magazin »Klassikakzente«, sich an der Klassik zu berauschen: »Klassische Musik bedeutet Ekstase genauso wie Techno oder Clubhouse. Emotionen, Beat und Rhythmus, das ist es doch, was man in der Musik sucht.« Dabei meinte David später, dass Musik generell, also Klassik genauso wie Rock und Pop, dieses rauschhafte Erlebnis erzeugen könne. Damals gab diese Einstellung wohl den Ausschlag, sein neues Album so zu nennen: »Pure Ecstacy« – reine Ekstase.

Dieser Name war Programm, das Album geriet leidenschaftlich und insgesamt erstklassig – und das, obwohl der Ex-Kinderstar damals bei den Einspielungen schon sehr mit sich haderte und an seinem musikalischen Weg zweifelte. Trotzdem waren sich alle Kritiker über die Qualität der Aufnahmen einig. So geriet etwa David Denton vom monatlich erscheinenden Violinmagazin »The Strad« im Mai 2002 geradezu ins Schwärmen über den jungen Musiker: »Der junge David Garrett zeigt eine starke musikalische Persönlichkeit, glühende Leidenschaft und offenkundige Virtuosität.« Dann verglich er dessen Vibrato, sein gekonntes Spiel in schnellen Passagen auch noch mit dem des berühmten Jascha Heifetz in jungen Jahren, einem der berühmtesten Geiger des 20. Jahrhunderts, der das Conus-Werk unvergesslich interpretiert hatte. Der Redakteur adelte David mit dieser Gegenüberstellung geradezu: »In der Tat hat seine [Davids, Anm. d. Autoren] ganze Darbietung diese expressive Freiheit, die wir in diesem großartigen früheren Violinisten [Heifetz] finden.«

Das Klassikmagazin »Pizzicato« schrieb Ende 2001 voller Begeisterung: »Da kann es keinen Zweifel geben: Das ist Tschaikowski durch und durch und eine der besten Interpretationen dieses Werkes überhaupt. Absolut atemberaubend!« Die Zeitschrift lobte das einvernehmliche Zusammenwirken von Mikhail Pletnev und seinem Violinsolisten und zeigte sich geradezu erstaunt über solch eine stimmige Kooperation. David habe die Musik wahrlich gefühlt und erfahren, er zeigte sich voller Leidenschaft und sei auf der Höhe seiner Kunst.

Für eben diese Tschaikowski-Interpretation bekam David sogar den Diapason d'Or (die goldene Stimmgabel) der französischen Zeitschrift »Diapason«. Einer der damaligen Redakteure, Jean-Michel Molkhou, schrieb im März 2002, wie direkt und ursprünglich David an diese Komposition herangegangen war: »Die Sicherheit, die Reinheit seiner Lyrik und seine Technik sind erste Klasse.« Seine Herangehensweise, so Molkhou weiter, hätten einen »berührenden Sinn für Poesie«. Dies sei eine andächtige Erinnerung und Würdigung der alten russischen Meister. Wie David das Violinkonzert von Jules Conus vermittelte, sei sogar noch fesselnder. Der »Diapason«-Redakteur schließt damit, wie unverwechselbar David seinen Weg gefunden habe: »Garrett schmiedet seinen eigenen Stil und verteidigt ihn mit Ausdruckskraft und Talent. Seine Entwicklung ist spektakulär.«

Dass die Aufnahmen so brillant gelangen, wie sie die Musikkritiker auffassten, ist kein Wunder, weil David sich mit seinem Geigenspiel auf seiner geradezu singenden »San Lorenzo«-Stradivari ganz in die russische Musik fallen ließ und sie in einem entsprechenden passenden Ambiente einspielte: im Staatlichen Moskauer Tschaikowski-Konservatorium. Der Namensgeber Pjotr Iljitsch Tschaikowski lehrte dort bis ca. 1878 höchstpersönlich als Dozent für Theorie und Harmonielehre. Fast die gesamte Elite der russischen Musik wurde dort ausgebildet, wie z.B. Sergei Rachmaninow, Alexander Skrjabin, Nikolai Medtner und Jewgeni Krylatow.

David war überwältigt vom großen Saal des Konservatoriums und verzaubert von dessen akustischer Wirkung. Diese Arbeitsbedingungen waren fast der Idealzustand für David.
Der junge Geiger spürte dort der Seele der russischen Musik nach, und besonders der Persönlichkeit Tschaikowskis. Er tastete sich beim Spielen so nah an den Komponisten heran, dass er meinte, fast dessen Anwesenheit im Raum zu spüren. Das baute der damals 17-Jährige in seine Interpretation des Violinkonzerts ein und erzeugte so eine weihevolle, aber ebenso intensive emotionale Stimmung.
Diese ehrerbietige Atmosphäre wechselte sich allerdings mit heiteren Momenten ab, für die vor allem Dirigent Mikhail Pletnev sorgte. Er lockerte das Geschehen durch humorvolle Bemerkungen und einige Zaubertricks mit Karten und Zigaretten auf.
Leider spiegelt das Äußere der CD-Veröffentlichung, sprich das Cover, weder die lustigen Seiten der Aufnahmen wider noch das Würdevolle der Emotionen, die David beim Spielen hatte. Mit ernstem, düsterem Gesichtsausdruck umklammert David seine Geige mit der einen Hand. Mit der anderen stützt er sich in Denkerpose ab. Im Hintergrund ist ein Cello zu sehen, das so wirkt, als hätte es den Geiger gerade nach vorn gestoßen. Allein an diesem Cover-Foto ist die Tragik des bisherigen Werdegangs des jungen Geigers zu erkennen, denn diese dunkle Ernsthaftigkeit passt vielleicht zu einem gestandenen und vor allem älteren Musiker, der schon Jahrzehnte mit der Violine unterwegs ist und die alten Meister interpretiert. Sie wirkt für einen Jugendlichen, der voller Elan und Begeisterung die Welt erkunden will, wie das bei Teenagern eigentlich üblich ist, aber viel zu erdrückend.
Das Cover-Foto zeigt jedoch noch etwas anderes: einen erwachseneren David Garrett als noch auf seinem mehr als drei

Jahre vorher erschienen Capricen-Album, auf dem er noch als biederer Teenager mit brav gescheitelter Ponyfrisur zu sehen war. Auf dem »Pure Ecstacy«-Cover hatte der Musiker – düsterer Blick hin oder her – selbst bei einer solch ernsthaften Abbildung eine besonders männliche Ausstrahlung und Wirkung auf die Damenwelt. Das zumindest ist ziemlich klar an der Beschreibung einer Kritikerin zu sehen, die die Aufnahmen für das Magazin »Siclarium« nach deren Veröffentlichung und Davids Foto beschrieb: »Verhangener Blick, wulstig lüsterne Mundpartie, schwarze Haartolle nebst Koteletten – man traut seinen Augen nicht. Ist er es oder nicht? Denn eigentlich sieht der Geiger David Garrett auf dem Cover seiner neuen CD aus wie ein leibhaftiger Sohn von Elvis Presley. Kann aber nicht sein, denn der Künstler aus Aachen und Sohn deutsch-amerikanischer Eltern ist noch sehr jung.« Dennoch vergleicht die Redakteurin David mit dem Rock-'n'-Roll-König Elvis, und das kommt nicht von ungefähr, denn der Violinvirtuose sollte ein paar Jahre danach nicht nur als Weltstar an der Geige, sondern genauso als Frauenliebling bekannt werden. Elvis verschaffte seinem weiblichen Publikum mit seinem Hüftschwung, seinen aufreizenden Bewegungen und seinem erotisch-aggressiven Gesang Ohnmachtsanfälle. Den Sex-Appeal des Rock-'n'-Rollers zur Beschreibung von David heranzuziehen zeigt, wie attraktiv der Geiger im Erwachsenenalter auf Frauen wirkt.

Die »Deutsche Grammophon« versuchte anscheinend bei der Vermarktung ihres einstigen Kinderstars einen Spagat: Auf der einen Seite sollte er immer noch als damals typischer dramatischer Klassikinterpret der alten Schule erscheinen. Andererseits kam er auf dem Foto als junger Mann daher, der ein jüngeres und weibliches Publikum anspricht – oder ansprechen sollte.

Falls das jedoch eine Werbestrategie des Labels sein sollte, so verfing sie nicht. Das Album erregte kein großes Aufsehen. Also überlegten sich die Damen und Herren der PR-Abteilung ein anderes Vorgehen für das nächste (und gleichzeitig letzte) Garrett-Album für das Label. Einmal versuchte man es noch, und diesmal entschied man sich für ein Cover, das auf jugendlich und sexy getrimmt war. Das Album »Pure Classics« zierte ein Foto, auf dem David mit laszivem Blick, wieder die Haare leicht gegelt und modisch gekämmt, in die Kamera blickt. Bekleidet ist er mit einem Muskelshirt, das einen Blick auf die nackten Arme erlaubt. Auf der Rückseite sitzt er lässig auf einer Bank, ein Bein ist darauf zu erkennen, offensichtlich in eine Jeans gekleidet. Von einem sonst bei klassischen Interpreten oft üblichen feinen, dunklen Anzug keine Spur. Und: David sendet ein strahlendes Lächeln aus, das so ziemlich jede Betrachterin dahinschmelzen lässt. Das Männlich-Markante der Gegenwart fehlt ihm zwar noch – vom Dreitagebart ist nichts zu sehen, David ist gut rasiert –, aber es wird auf solchen Fotos schon klar, welch starke Ausstrahlung er entwickeln kann.
Das im November 2002 erschienene Album selbst wurde in Anlehnung an »Pure Ecstasy« ganz ähnlich »Pure Classics« genannt. Der Silberling ist so etwas wie ein »Best of David Garrett«, eine Werkschau seiner Aufnahmen von 1993 bis 2001. Sie reichen von Wolfgang Amadeus Mozart und dem ersten Satz seines Violinkonzerts KV 271 a bis hin zu den berühmt-berüchtigten Capricen von Paganini, die David so große Schmerzen bereitet hatten. Das Magazin »Klassikakzente« zeigte sich begeistert von dieser Kompilation. In dessen CD-Review heißt es über Davids Glanzleistungen: »Mit wunderbar lockerer Intuition, jugendlicher Leidenschaft und sicherem Gespür für die Balance zwischen technischem An-

spruch und interpretatorischer Freiheit widmet er sich den Kompositionen und verleiht ihnen eine eigene Note, die ihm neben den Konkurrenten seiner Generation von Vadim Repin bis Hillary Hahn einen vorderen Platz in der Riege genialischer Geigentalente zuweisen.«

Eine wie schon so oft sehr schmeichelnde, anerkennende Kritik – die jedoch in die Vergangenheit wies, denn zum Zeitpunkt der Veröffentlichung beider Alben war David Garrett eben nicht mehr das Geigen-»Wunderkind« und der brave Klassikstar.

New York hatte ihn verändert, hatte ihn auf ganz neue Ideen gebracht und auf andere Wege geführt: Er fand heraus, dass sich mit der Geige auch andere musikalische Felder als die Klassik bestellen ließen, die künstlerisch üppige Früchte einbrachten: David entdeckte die Möglichkeiten des Crossover.

Der erste Schritt in diese Richtung gelang ihm im Jahr 2002, als eine Anfrage aus Deutschland kam, ob David bei der dort sehr populären »Night of the Proms«-Reihe dabei sein wollte.

Bei diesen Konzerten trifft Rock auf Klassik, d.h. Rockstücke werden mit einem klassischen Arrangement versehen und von einem Orchester gespielt, das einen bekannten Star als Sänger einsetzt oder mit einer populären Band zusammenspielt. Daneben sind aber genauso klassische Stücke zu hören.

Die Konzertreihe ist nicht zu verwechseln mit der »Last Night of the Proms«, dem alljährlich in der Londoner Royal Albert Hall stattfindenden Abschlusskonzert der BBC Proms. Das ist ein seit 1894 veranstaltetes Festival klassischer Musik, das zwar ohne Pop und Rock auskommt, dennoch aber für die »Night of the Proms« Pate stand. Diese gibt es seit 1984. Damals stellten die belgischen Studenten Jan Van Esbroeck und Jan Vereecke ein Konzert zusammen, bei dem neben Klassik auch Pop und Rock gespielt wurde. Am 19. Oktober

1985 konnten 13 000 Zuschauer dieses denkwürdige Ereignis im Sportpalast von Antwerpen erleben. Das Konzept war dermaßen erfolgreich, dass es nach ganz Europa exportiert wurde. Inzwischen touren alljährlich ein klassisches Orchester und prominente Popmusiker durch unterschiedliche europäische Länder wie Frankreich, Österreich, die Schweiz, Spanien, Dänemark und speziell Deutschland, wo die Reihe besonders erfolgreich ist. Bis zu eine halbe Million Menschen lassen sich in den Veranstaltungsarenen begeistern. Wie die internationalen Musikgrößen werden auch nationale Stars in den entsprechenden Ländern zu den Konzerten eingeladen.
Hinzu kommt, dass nicht nur gestandene Musiker singen und spielen dürfen, sondern dass bei jeder Ausgabe der Konzertreihe genauso ein Instrument oder ein Nachwuchstalent vorgestellt wird. So war beispielsweise 1995 der damals unbekannte Tenor Andrea Bocelli dabei, der später mit »Time To Say Goodbye« einen Superhit landen sollte und seitdem ein internationaler Star ist. Oder auch Laith Al-Deen, der 2001 mitwirkte und mittlerweile in der Bundesrepublik eine Deutschpop-Größe geworden ist.
Und nun, im Winter 2002, war David Garrett dran, vor mehr als 10 000 Zuschauern in der vollständig ausverkauften »Color Line Arena«, die seit Mai 2010 »O2 World Hamburg« genannt wird, seinen Geigenzauber zu entfalten. Bei dieser nach seinem Sponsor betitelten »Nokia Night of the Proms« sorgten das 75-köpfige Orchester Il Novecento, der Chor Fine Fleur unter der Leitung von Robert Groslot und die Electric Band für das passende Sound-Fundament.
David trat neben Stars auf, die hauptsächlich in den 1980er Jahren große Erfolge feierten und nach wie vor gefragte Live-Acts sind: die Simple Minds (»Don't You Forget About Me«), die Cutting Crew (»I Just Died in Your Arms«), die Pointer

Sisters (»I'm So Excited«), Foreigner (»Cold As Ice«) und Alphaville (»Forever Young«, »Big In Japan«).

Wie in jedem Jahr sang und spielte auch John Miles mit, der mit seinem 1970er-Jahre-Hit »Music« wie kaum ein anderer in diesen Konzertkontext passt. Das Stück ist eine Power-Rock-Ballade und in seiner ursprünglichen Fassung bereits mit einem bombastischen Orchestersound produziert, der sehr an klassische Werke erinnert.

Miles singt seinen Erkennungshit bei jeder Neuauflage der »Night Of The Proms«, aber genauso andere Songs. 2002 intonierte er, am Klavier sitzend, die Ballade »Everybody's Got To Learn Sometime« der britischen Band Korgis, die damit 1980 einen Top-Ten-Erfolg u.a. in ihrer Heimat Großbritannien und in den USA verbuchen konnte.

John Miles sang die träumerisch-melancholische Melodie mit eindringlicher, rauh-sanfter Stimme und wurde dabei vom Orchester unterstützt – und von David. Dieser war sichtlich bewegt davon, an diesem besonderen Moment des Konzerts mitwirken zu dürfen. Er lächelte verträumt und hatte sichtlich Spaß bei der Sache. David umspielte die Melodie improvisatorisch, wie man es von Jazzmusikern gewohnt ist, und gab dem Lied noch einmal eine intensivere emotionale Note. Das Publikum applaudierte nach seinen Parts sehr bewegt und begeistert.

Nach diesem eindringlichen Auftakt kündigte der Moderator der Show den Virtuosen erst richtig an: »Unser Star an der Geige spielt längst in der Champions League. Er ist eines der größten Talente weltweit ... Hier ist der US-Deutsche David Garrett.« Dieser legte los mit dem schwungvollen Rondo des einzigen Violinkonzerts von Ludwig van Beethoven, des Konzerts in D-Dur op. 61. Als David bei einer reichlich schwierigen Solopassage den Bogen förmlich über die Saiten fliegen ließ, brandete Jubel auf, genau wie nach den sehr bewegten Schlussakkorden. David lächelte selig und wirkte sehr bescheiden und sympathisch.

Dasselbe Bild zeichnete sich nach der Pause ab. Als David noch den klassischen »Danse macabre« von Camille Saint-Saëns aus dem Jahr 1874 und das Virtuosenstück »Csárdás« von Vittorio Monti aus dem Jahr 1910 spielte, hatte er das Publikum völlig für sich gewonnen. Als »Csárdás« von seiner Geige perlte, ließen sich die Zuhörer vom Rhythmus und der Melodie einfangen und klatschen mit. Es hätte nicht viel gefehlt, und sie hätten sich zu einem Tänzchen hinreißen lassen. Am Ende ging David beim Spielen auf die Knie – und das Publikum fraß ihm aus der Hand. Die Euphorie steigerte sich bis zum Schluss, als David beim legendären »Let It Be« von den Beatles mit allen Künstlern des Abends spielte und sich mit den anderen im tosenden Applaus verabschiedete.

Ebenfalls völlig begeistert zeigten sich die Medien. So war beispielsweise in der Zeitung »Die Welt« am Heiligabend des Jahres 2002 zu lesen: »Der junge Geigenvirtuose David Garrett ergänzte die Popriege mit Klassikern wie dem Beethoven-Violinkonzert vortrefflich.«

Diese Reaktionen erlebte David während seiner gesamten zwei Monate auf der »Night Of The Proms«-Tournee, zu der insgesamt 600 000 Menschen kamen, um ihn und die anderen Künstler zu sehen und zu hören.

Ausschnitte von dieser Tour wurden, wie bei jeder Ausgabe der »Proms«-Reihe, auf CD festgehalten. Neben Stücken wie »Big In Japan« von Alphaville, »I Want To Know What Love Is« von Foreigner, »Fire« von den Pointer Sisters, »Alive And Kicking« von den Simple Minds und vielen anderen ist David mit allen Stücken vertreten: als Begleitung von John Miles bei

»Everybody's Got To Learn Sometime«, mit »Csárdás« und mit dem Beethoven-Rondo.
Insgesamt erfuhr der damals 20-Jährige einen enormen Zuspruch. Doch nicht nur deshalb war die Konzertreihe für ihn ein echter Glücksfall, sondern er schwamm sich auch finanziell frei, weil er in kürzester Zeit eine Menge Geld verdiente und die schlecht bezahlten Nebenjobs ruhen lassen konnte. Er hatte Spaß dabei und genoss es, dass er als Klassikinterpret wie ein Rockstar behandelt wurde: Nach dem Auftritt stand in seiner Garderobe eine Flasche Champagner. Er nutzte dieses Angebot jedoch nie, außer am letzten der 52 Konzertabende, als er sich ausnahmsweise mal ein wenig Lachs und Champagner gönnte.
Und: David genoss es, dass er nicht nur von einem jüngeren Publikum wie ein Popstar gefeiert wurde, sondern auch vor jungen Damen spielte, von denen einige sich als Groupies herausstellten. Ob er etwas mit ihnen anstellte, und wenn ja, was – darüber schweigt David in Interviews.
Das Besondere für David an diesem öffentlichen Auftritt war, dass er sich ganz anders präsentierte als zu »Grammophon«- und »Wunderkind«-Zeiten. Da war kein feiner Zwirn an ihm zu entdecken, keine dunkle Kleidung, kein Smoking, kein gequältes Lächeln aus zusammengepressten Lippen. Locker, leger und lässig ging David mit Wollmütze, modisch zerschlissenen Jeans und offen getragenem, buntgestreiftem Hemd auf die Bühne. Ein eindeutiges Signal, wie befreit er sich fühlte, denn oftmals ist der Smoking bei klassischen Auftritten Pflicht und sogar vertraglich vorgeschrieben. Doch so, in dieser ungezwungenen Aufmachung, fühlte sich David sichtlich wohl.
Keine Frage: New York hatte ihn verändert, innerlich und äußerlich. Er hatte die junge Mode entdeckt – und die Modewelt entdeckte ihn.

Eines Tages sprach ihn ein Modescout in seiner neuen Heimatstadt während einer Party an, ob er Lust hätte, sich mal als Model zu versuchen. Die hatte der Geiger, zumal er einigermaßen anonym blieb. Niemand wusste in New York, dass er Violinist, Musikstudent und ein ehemaliger Klassik-Kinderstar war. Für seine neue Umgebung war er nur ein weiterer ziemlich gut aussehender junger Mann, der sich mit der neuesten Mode am Körper auf den Laufsteg und vor die Kamera wagte.

Damit der neue Teilzeitjob funktionierte, beauftragte David eine Agentur, ihn mit Engagements zu versehen. Und es funktionierte. Davids Konto füllte sich durch das Modeln rasch. Und er machte sogar so etwas wie eine zweite Karriere, denn er arbeitete für große Namen der Branche und präsentierte deren Mode 2003 bei der renommierten Modenschau-Reihe »Fashion Week« auf dem Laufsteg. Während dieses Events erlebte er den grässlichsten Job dieser Art: Der Stargeiger musste Unterhosen präsentieren. David und seine Mitstreiter saßen dabei frierend hinter dem Laufsteg und zitterten, während sie auf ihren Auftritt warteten.

Dennoch nahm der Musiker mehr Jobs auf Modeshows an als Foto-Aufträge für Magazine, weil er wegen seiner Größe und seiner schlanken Statur besser auf dem Laufsteg aufgehoben war – außerdem wurde das besser bezahlt als die Sessions im Studio des Fotografen. In jedem Fall hatte er eine Menge Spaß, feierte auch die eine oder andere abgedrehte Party und bekam eine gehörige Portion Anerkennung.

Er merkte, dass er es genoss, wenn sich die Augen bewundernd auf ihn richteten – selbst wenn er nicht Mozart herzzerreißend auf der Geige spielte. Das Ganze bereitete ihm enorm viel Vergnügen, und er gewann im Laufe seiner Model-Zeit an Erfahrung, wie er sich vor Kameras am besten bewegen sollte. Probleme mit dem Fotografieren hatte er nie. Das sollte ihm ein paar Jahre später zugutekommen, als sich die versammelten Medienvertreter auf ihn als neuen Weltstar des Klassik-Pop-Crossover stürzten.

Durch diese Jobs als Modemann, die – das war David klar – nur eine vorübergehende Angelegenheit waren, veränderte sich David weiter. Er wurde, so hatte es den Anschein, noch selbstbewusster, was sein Äußeres anging. Der Musiker suchte und fand seinen eigenen Stil. Zum Beispiel färbte er sich das Haar für ein Model-Engagement blond. Das gefiel David – und der Damenwelt –, und er blieb dabei bis in die Gegenwart.

Bereits im ersten Semester seines Studiums hatte er sich eine Tätowierung stechen lassen. Das wäre wohl früher kaum möglich gewesen – und bestimmt auch nicht erwünscht. Wie sähe das denn bei einem seriösen Klassikstar aus?, hätte man ihn bestimmt gefragt. Die Antwort: Bei David sieht das richtig gut aus.

Auf den Geschmack gebracht haben ihn damals seine neuen Freunde in New York. Endlich hatte er welche. Auch dies hatte er in Aachen vermisst. David machte die Bekanntschaft einiger Schauspielerinnen und Tänzerinnen der Juilliard School und zog mit ihnen erst mal durch die Läden New Yorks. So entwickelten sich Freundschaften – und Davids eigener Modegeschmack.

In der Tat war nichts mehr zu sehen von dem piekfeinen Geigen-Kinderstar, der eine dicke Hornbrille trug, weil ihm seine Eltern keine Kontaktlinsen erlaubten. David schämte sich für dieses Äußere und setzte seine Brille deshalb bei Konzerten ab. Doch er fügte sich und gab für seine Mitschüler ein Streberbild ab, das zu seiner Außenseiterrolle als Geigensonderling nur zu gut passte.

Doch nun, in New York, in der Modewelt konnte er sich kleiden und aufmachen, wie er wollte. Er lernte Freunde kennen, die einen prallgefüllten Kleiderschrank besaßen, was ihn zu eigenen Modeideen inspiriert haben muss. So bekam er von einer Freundin einen Trilby-Hut als Präsent, seine favorisierte Kopfbedeckung, die er auf keinen Fall missen möchte.
Hinzu kam, dass David als Model das Privileg besaß, ständig Kleidung geschenkt zu bekommen. Daraus kreierte er seinen eigenen legeren, jugendlich-modischen Stil, der auch in der Gegenwart zu einem seiner Markenzeichen wurde. Dazu gehören oft Jeans, sein Haarzopf, der Dreitagebart und locker getragene Hemden. David mag, was Kleidung angeht, den Designer Michael Michalsky aus Berlin und klassische Anzüge seines früheren Auftraggebers Armani.
Als besondere Accessoires wählte er seine vier selbstgestalteten Tätowierungen. Eine davon zeigt eine Fledermaus, die während einer Party in der Nacht entstand und die David unter dem Bauchnabel trägt. Für den Musiker repräsentiert dieser Jäger in der Dunkelheit die Nacht. Und der Saitenstar kam darauf, wie er in der »Bild« am 1. November 2008 verriet, weil er sich selbst als Nachtmenschen sieht: »Im Dunkeln passieren einfach die interessantesten Dinge …« In diese Rock-Outfit-Richtung gehen ebenso seine beiden schweren Ringe aus Silber an der rechten Hand. Das wirkt wild, jung, ein wenig angriffslustig. Und man kann behaupten, dass David mit solch einem Outfit in dieser Zeit seine Jugend nachholte.
Tatsächlich feierte er jetzt kräftig Partys bis zum Morgengrauen, und dies, ohne dass ihn jemand ermahnte, doch ins Bett zu gehen. Und er erlaubte sich Verrücktheiten, wie etwa in einer Partynacht mit Freunden, bei der David dem Alkohol über die Maßen zusprach und mehr als nur angeheitert auf dem berühmten Broadway in New York Scherze trieb.

Dem Alkohol sprach er später maßvoller und vor allem nur dann zu, wenn er als Musiker weniger arbeitete. Als professioneller Hochleistungsgeiger muss er sich einfach zu sehr auf sein Spiel konzentrieren.

Dass der Saitenmeister überhaupt während seiner Zeit an der Juilliard School in New York diese Schritte wagte, zeigt, wie befreit, erwachsen und selbstbewusst er geworden war.

Die Studienzeit war für David eine Befreiung – und eine teilweise reichlich wilde Phase, in der der Musiker eine Menge ausprobierte, wie er in einem PR-Text anlässlich der Veröffentlichung des Albums »Virtuoso« 2007 verriet: »Ich habe bestimmt nichts ausgelassen.« Und dazu gehörte nicht nur, dass er sich in die New Yorker Nachtclubszene und ins Partyleben stürzte, sondern genauso, dass er sich in »gefährlichen« Sportarten – die ihm in jungen Jahren wohl verboten worden wären – versuchte, wie etwa Surfen. Dabei erklärte David in besagtem »Virtuoso«-Artikel, dass er den Wassersport »gerade gut genug beherrsche, um die Ladys zu beeindrucken«.

Das wilde Leben führte der Geigenstar jedoch nicht rund um die Uhr. Dazu lag ihm viel zu viel daran, musikalisch voranzukommen. Er übte also Disziplin, wenn es unter der Woche zu studieren und musizieren galt. Und das musste er auch. Er konnte nicht zu spät zum Seminar oder zu Übungsstunden mit seinem Lehrer Itzhak Perlman kommen, sonst wäre es ihm wie in London ergangen: Er wäre von der Schule geflogen. Am Wochenende jedoch genoss er das Leben in vollen Zügen, feierte, widmete sich seinen so lange unterdrückten Sehnsüchten. Und David fand einen Umgang damit, ein normales Maß, das ihn nicht ins Exzessive abgleiten ließ, so dass der Violinist in der Gegenwart zwar genießt, aber nicht dafür bekannt ist, dass er spektakulär über die Stränge schlagen würde. Im Gegenteil: Mit den Jahren wurde der Geigenvirtuose ruhiger.

In dieser Zeit empfand David, was Freiheit bedeutet: »Ich fühlte keine Zwänge, hatte meine Aufgabe und die Kontrolle darüber, wie viel ich von mir geben wollte.« Das verriet er 2008 rückblickend in der Zeitschrift »Gala«. Er spürte, wie er an dieser Stelle erklärte, »eine Leichtigkeit«, die er in der Vor-New-Yorker-Zeit nicht gekannt hatte. Diese Befreiung galt jedoch nicht nur für den privaten Bereich, sondern mindestens genauso für seine musikalische Entwicklung.

David mutierte in seiner Juilliard-Phase zu einem Klassikmusiker mit dem Aussehen und – wenn man typischen »Sex and Drugs and Rock 'n' Roll«-Klischees folgt – manchmal mit dem Benehmen eines Rockstars. Warum sollte er nicht auch solche Musik spielen?

Auf den Geschmack war er schon als 14-Jähriger durch seine Mitschüler gekommen. Und nun führten ihn während seiner Modelphase neue Freunde aus der Schauspiel- und der Tanz-Abteilung der Juilliard-Universität noch weiter in die Pop- und Rockwelt ein; im Gegenzug brachte David ihnen einiges über die klassische Musik bei.

Seine Freunde spielten ihm CDs ihrer Favoriten der populären Musik vor und nahmen ihn mit zu Konzerten und Club-Gigs, bei denen David R & B und Rock live kennenlernte. Der ehemalige Kinderstar war erneut fasziniert von der Performance und den aufwühlenden Klängen. Und langsam keimte in ihm die Idee, selbst Rock und Pop zu spielen, weil ihm das Rhythmische, das Bewegte der Musik gefiel. Die Möglichkeiten der Geige wollte er dabei voll und ganz ausschöpfen. Das erklärte David dem Nachrichtensender CNN im Juli 2009: »Man kann sie als rhythmisches und genauso als melodisches Instrument nutzen.«

Allmählich fügten sich alle Puzzleteile zu einer Idee zusammen, der Idee, Klassik und Rock als Crossover-Musik miteinander zu verbinden, in ähnlicher Weise, wie es der Geiger schon auf der »Night Of The Proms«-Tour erlebt hatte. Bereits damals gab es Hinweise darauf, dass er zu solch einem Experiment bereit sei. In einem Interview mit dem Bayerischen Rundfunk während der Konzertreihe 2002 stellte der Reporter die Frage, wie er sich seine Zukunft vorstelle. Ob es für ihn nicht eine Möglichkeit wäre, auch mal auf einem Simple-Minds- oder auf einem Foreigner-Album dabei zu sein, die beide 2002 bei dieser »Night Of The Proms«-Ausgabe zu erleben waren. David war sichtlich begeistert von der Idee und sagte: »Das wäre schon geil. ... Das wäre auf alle Fälle eine Herausforderung.«

Die Richtung, selbst Rock und Pop klassisch zu bearbeiten, war für David vorgezeichnet – schließlich nennt er als eines seiner Vorbilder immer wieder den Geiger Fritz Kreisler, einen der letzten Violinvirtuosen, der auch selbst komponierte und Stücke arrangierte und damit auf der Geige populär machte.

Genau diesen Weg wollte David auch beschreiten. Ihm war schon als Teenager mit etwa 17 Jahren aufgefallen, dass nicht ein einziger Zuschauer aus seiner Generation im Publikum saß, wenn er ein Konzert gab. David war entsetzt, weil er gerade seinen jungen Altersgenossen seine Musik vermitteln wollte. Damit meldeten sich weitere Zweifel, und eine gewisse Unlust kam auf, denn er wollte nicht nur vor älteren Herrschaften spielen. Das war für ihn zum Gähnen langweilig, und er wollte sich seine Zukunft als Geiger nicht so vorstellen, geschweige denn die nächsten Jahrzehnte so betreiben. Nein, David wollte auch die Jungen erreichen. Das war für ihn eine Herausforderung: »Es interessierte mich immer, wie

ich das Eis brechen könnte.« Das berichtete der Geiger im Gespräch mit »Notes On The Road« im März 2010.
Er hatte durch seine Kommilitonen erfahren, welche Musik junge Leute interessierte. Aber das war noch nicht alles. David erkannte, dass das Ambiente stimmen musste, um ein jüngeres Publikum anzusprechen. Das wurde ihm bewusst, als er mit dem »Night Of The Proms«-Team unterwegs war. Er überlegte damals im Gespräch mit einem Reporter des Bayerischen Rundfunks, warum die Show auch bei der jungen Generation so gut ankam: »Es ist alles sehr leger gehalten, es ist kein Dress-Code da. Ich selbst kann auf die Bühne gehen mit den Klamotten, die ich sehr, sehr gerne anziehe. … Ich glaube, die Leute schätzen das, dass es ein ganz anderer Approach ist, mit dem die Leute hier rangehen.«
Das war für ihn der Schlüssel. Er wollte, dass sich die Menschen wohl fühlten in diesem Saal, in dem sie ihnen nicht so vertraute klassische Klänge von Bach, Mozart oder Beethoven erleben sollten. Das könnte ihnen den Zugang dazu erleichtern.
Damit stand die Rohfassung für sein Konzept fest: David wollte in einer aufgelockerten Atmosphäre auf der Geige Klassik spielen und zusätzlich Rock und Pop im klassischen Gewand. Und dazu gehörte, dass er sich selbst als entspannter Musiker zeigte, der Spaß an seinem Violinzauber hatte und dieses Vergnügen vermitteln wollte.
David hatte sich zu diesem Zeitpunkt und mit diesem Vorhaben selbst aus dem Sumpf gezogen. Nachdem er nach seinem Karriereknick, wie er laut der »Welt« vom 9. Februar 2008 meinte, »durch den Dreck gegangen« war, hatte er sich nun wieder selbst voll motiviert, sich als Künstler zu beweisen. Damit entsprach er ganz seinem Filmhelden Charlie Chaplin, den er schon als Kind geliebt hat, weil die Figuren, die der

Komiker verkörperte, immer wieder aufstanden, wenn sie gestrauchelt waren. »Jeder Rückschlag hat mich stärker gemacht«, resümierte der Klassikvirtuose laut der »Neuen Woche« vom 3. Februar 2010 seine Gefühle in dieser schwierigen Selbstfindungsphase entsprechend selbstbewusst.
Diese mündete nun in seine Idee, auf ein Comeback als Crossover-Künstler zuzusteuern. Und damit verabschiedete sich David allmählich von der Juilliard School, die ihm das nötige Rüstzeug für die Realisierung mitgegeben hatte und auf der er 2004 seinen Abschluss machte. Seine Auszeit war beendet.
Bis er jedoch sein neues künstlerisches Konzept einem Publikum vorstellen konnte, hatte er noch einen weiten Weg zurückzulegen. Obwohl er sich voll und ganz mit seiner Idee, sein Glück als stilübergreifender Musiker zu versuchen, identifizierte – die Plattenlabel waren zunächst nicht sonderlich begeistert. Und auch die Konzertagenturen wiesen ihn ab, so dass David eine Menge Kraft und Zeit für seine Überzeugungsarbeit aufbringen musste.

Aufgetaucht

DER NEUSTART

David Garrett war durch sein nachgeholtes Studium zumindest beruflich schwer aus der Bahn geworfen. Nach dem Ende seiner Zeit in der Juilliard School 2004 wurde dem gerade mal 23-Jährigen ein Wiedereintritt in die Berufswelt beinahe unmöglich gemacht. Sein letztes »reguläres« Album war drei Jahre zuvor auf den Markt gekommen, die 2002 veröffentlichte CD »Pure Classics« stellte lediglich eine Kompilation früherer Werke dar und war gleichzeitig die letzte CD, die bei Garretts Plattenfirma »Deutsche Grammophon« erschien.

So stand David 2004 zwar mit einem Abschluss von einer der renommiertesten Künstlerschulen der Welt da, gleichzeitig aber ohne Plattenvertrag – und als Twen inzwischen auch ohne den »Wunderkind-Bonus« der 1990er Jahre. Das Plattenlabel hatte bis dahin einige Image-Versuche mit ihm angestellt: als Teenieschwarm mit Rebellen-Touch, als eine Art Edel-Escort, schließlich als jugendlicher Frauenbetörer.

All diese ihm auferlegten Rollen wollte der Deutschamerikaner in der Zukunft nicht mehr erfüllen. Schließlich hatte er während seines Studiums in New York endgültig die Rockmusik für sich entdeckt und innig zu lieben gelernt. Wilde, laute Bands wie Metallica, Nirvana oder die White Stripes hatten es ihm besonders angetan. In seinem Kopf begann die Idee eines Crossover-Projekts zwischen Klassik und Rock Gestalt anzunehmen.

2004 und 2005 lernte David Garrett Selbständigkeit. Er musste wieder mit kleinen Veranstaltungen beginnen, Konzertveranstalter neu von sich überzeugen. All das auf sich allein gestellt, ohne Management. Von den Agenturen, die er in jener Phase seines Lebens abklapperte, wurde er oft gefragt: »Was sollen wir mit Ihnen anfangen?« Und sie entmutigten ihn im nächsten Atemzug häufig mit den Worten: »Sie sind als Thema überall durch.«

Diese Monate waren vermutlich die schwersten in Davids Leben, er selbst sagte der Zeitung »Die Welt« in der Ausgabe vom 9. Februar 2008, es sei »nicht einfach« gewesen, er habe »sehr gelitten«. Doch er hielt durch und machte weiter: Klinken putzen und sich bei kleinen Agenturen neu vorstellen wurde sein täglich Brot. In Garretts Wahlheimat New York spielte er weiterhin auf Privatveranstaltungen, vor teilweise lediglich 30 oder 40 Personen, um sich finanziell über Wasser halten zu können. Und stets verbunden mit der Hoffnung, dass jemand im Publikum sei, der Kontakte ins Musikbusiness hatte und ihn weiterempfehlen würde.

Der Nachrichtenagentur »dpa« verriet David im Oktober 2009, wie er seine Krisenzeit er- und überlebte: »Man muss sich selber an den Haaren wieder herausziehen. Deshalb war auch der Rückzug aus dem Konzertleben zunächst wichtig für mich. Ich habe eine Zeitlang nicht das Selbstbewusstsein gehabt, wirklich auf die Bühne zu gehen. Selbstbewusstsein ist sehr, sehr wichtig, um auf der Bühne gut zu sein. Das ist nicht nur die Arbeit dahinter, die bestimmt, wie du spielst. In dem Moment, in dem du auf die Bühne gehst, musst du von dir überzeugt sein. Sonst merken das die Leute. Das ist auch ein großer Teil von Performance. Das muss man haben, und das hatte ich, glaube ich, eine gewisse Zeit lang nicht. Das war schon sehr beängstigend.«

Unabhängig von seinen Ängsten verfolgte David den Neustart seiner Karriere stur weiter. Schließlich landete er 2006 bei der Londoner Plattenfirma »Decca«, die er davon überzeugen konnte, die Produktion eines Crossover-Albums zu übernehmen. Das Konzept, für das er Feuer und Flamme war, hatte David sich in der Zwischenzeit ausgedacht.

Diese Begeisterung teilte das Label nur in geringem Maß. Dem jungen Geiger wurde aus London sogar klipp und klar mitgeteilt, dass man nicht wirklich an das Konzept glaube. Die Platte, die später mit dem Titel »Free« veröffentlicht wurde, war zwar eingespielt, blieb aber in der Schublade liegen.

Doch die Konzerttermine Garretts wurden – vor allem außerhalb Europas, schwerpunktmäßig in den USA und in Asien – 2006 und 2007 wieder zahlreicher. Da auch die Branche diesen Zulauf registrierte, meldete sich eines Tages der Berliner Konzertveranstalter DEAG, der durch Auftritte etwa mit den Superstars Anna Netrebko oder Placido Domingo stark auf den Event-Charakter klassischer Konzerte setzt, bei David.

Die DEAG solle für den Durchbruch des Violinvirtuosen weltweit sorgen, wenn auch nicht sofort, denn sie besitzt eine entscheidende Möglichkeit, wie sie Plattenlabels und Künstlern nicht in ähnlicher Weise zur Verfügung steht: Sie kann den CD-Verkauf durch Konzerttermine ankurbeln. Dieser Aspekt ist für heutige Künstlerkarrieren in Zeiten stark rückläufiger Plattenverkäufe von enormer Bedeutung.

Die DEAG kümmerte sich gleichzeitig um ein neues Image für David – das des attraktiven Klassikrebellen. Sie organisierte darüber hinaus, dass Garrett einige TV-Auftritte gewährt wurden, etwa bei »TV total« des Moderators Stefan Raab, der Garrett als »bestaussehenden Geiger der Welt« dem Publikum präsentierte. Und sie sorgte dafür, dass David einen Exklusivvertrag bei »Decca« erhielt und »Free« schließlich aus der Schublade geholt und veröffentlicht wurde.
David erzählte über diesen einschneidenden Schritt in seiner Karriere dem Magazin »Wissen Plus« vom 1. April 2009: »Bei meinen Auftritten von 2005 und 2006 habe ich immer wieder Crossover-Songs ins Programm eingestreut. Beim Publikum in den USA und in Asien ist das sehr gut angekommen. Darauf reagierten letztlich auch die Plattenfirmen.«
Im Frühjahr 2006 gab Garrett dem seriösen Klassikmagazin »Partituren« ein langes Interview, in dem er sehr anschaulich seine Überlegungen über die Zukunft seiner musikalischen Karriere darlegte. Dass er zum damaligen Zeitpunkt nicht wie als Teenager mit den ganz großen Orchestern und Dirigenten kooperieren würde, gab er unumwunden zu: »Es wäre zu früh, mir gleich wieder die ganz großen Eier rauszusuchen«, meinte er. Und fügte hinzu: »Aber ich will ab sofort nur noch mit Leuten zusammenarbeiten, die mich mögen. Einige Alben aus meiner Vergangenheit waren ja rein politische Entscheidungen der Plattenfirma. Die Lehre daraus ist, dass man macht, was man für richtig hält. Karriere kann man nicht planen. So wie ich es jetzt anfange, halte ich es für richtig. Wenn es funktioniert: super. Wenn nicht, dann bin ich auch nicht betrübt. Ich kann mich guten Gewissens zurücklehnen und sagen: Ich habe so ziemlich alles erlebt. Was jetzt kommt, ist nur noch der Sahnenachschlag. Mal schauen, wie viel Sahne es gibt!«

David gab im »Partituren«-Interview zu: »Mein Perfektionswahn ist einer gewissen Gelassenheit gewichen. Ich habe über das Herz einen neuen Zugang zur Musik gefunden.«
Und er verriet dem Redakteur des alle zwei Monate erscheinenden Blatts bereits damals seine Vision, die sich schon bald in die Realität verwandeln sollte: »Ich bin absolut überzeugt, dass man junge Leute für Klassik interessieren kann, für das traditionelle Repertoire, in den traditionellen Konzertsälen, ohne Abstriche in der Qualität! Es kommt auf die Präsentation an. Und da habe ich keine Berührungsängste. Kein Mädchen kauft zunächst eine CD, weil ihm die Musik gefällt. Meist läuft es darüber, dass es den Künstler auf dem Cover süß findet. Auch klassische Musik ist Entertainment, das war schon immer so. Hohe Kunst, ja, aber auch Entertainment. Junge Leute für die Klassik zu begeistern, das ist mein Ziel. Ob ich das erreiche, weiß ich nicht, aber das ist mir das Wichtigste.«
Mit der Veröffentlichung von »Free« im März 2007 machte David zumindest einen wenn auch noch nicht ganz spektakulären Schritt in die Öffentlichkeit, um dieser seine neue Mission zu präsentieren. Das Album kam zwar nirgendwo in die Charts, doch es bescherte seinem Protagonisten eine gehörige Portion Medienpräsenz. Aufgenommen worden war die Scheibe zusammen mit einer Vielzahl exzellenter Studiomusiker wie Kevin Bacon, Ed Boyd oder Tim Weller, dazu gesellten sich Gäste wie der Flamenco-Gitarrist Paco Peña oder die Cellistin Samantha Rowe.
Elf Stücke waren auf »Free« zu finden, eine bunte Melange aus klassischen Kompositionen, Soundtrack-Melodien und Musical-Auszügen. So gesellten sich zu »La Califfa« des Filmmusikkomponisten Ennio Morricone die »Carmen-Fantasie« von Georges Bizet, die »Duelling Banjos« aus dem

Streifen »Beim Sterben ist jeder der Erste«, Nikolai Rimsky-Korsakows »Hummelflug« oder »Somewhere« aus Leonard Bernsteins Musical »West Side Story«. David selbst hatte zudem noch drei Eigenkompositionen ins Programm der CD eingestreut.

Die Kritiken zu »Free« waren europaweit beinahe durch die Bank wohlwollend bis euphorisch.

So schrieb der Autor der Homepage klassik.com, Miguel Cabruja, über die Scheibe: »An ein junges Publikum, so Garrett, richte sich die neuste CD des Geigers, auf die, darauf ist er besonders stolz, auch eigene Kompositionen Eingang gefunden haben. Und der Geiger, der die Royal Albert Hall in London schon mal als sein Wohnzimmer bezeichnet hat, schöpft in diesem Album aus dem Vollen: Ein wenig Elgar, ein wenig Rock und die guten alten Evergreens der Klassik – das ist die feurige Mischung, aus der der junge Geiger seinen Crossover-Stil mixt. Da klingen manche Stücke wie der Soundtrack zu einem mystischen Hollywoodfilm (›La Califfa‹), dort macht er in der ›Carmen-Fantasie‹ aus Bizets klischeebeladenem Spanienbild ein flamencöses Geigenrührstück – Paco Peña, der eigens dazu aufspielt, trifft ungarische Zigeunerweisen. An handfesten Rock wagt sich Garrett mit ›Nothing Else Matters‹. Die Ballade der Kultband Metallica motzt er zu einem rockigen Geigenstück auf, um dann in ›Csárdás‹ traditionelleres Virtuosentum und gleißende Flageolett-Töne vorzuführen. Berührungsängste scheint Garrett kaum zu haben. Schließlich schrammelt er unter dem Motto ›Delling Banjos‹, was das Zeug hält, und übt sich in schmissigem Country-Sound, als wäre gerade der ganze ›Trek nach Westen‹ im Tonstudio unterwegs. Mit dem unvermeidlichen ›Hummelflug‹ und einer Toccata mit E-Gitarren-Begleitung bleibt Garrett virtuos. Aber der Halbamerikaner kann auch gemütlich. ›Somewhere‹ ist eine richtig verträumte Ballade. ›Free‹ ist kein Album für den durchschnittlichen Klassik-Liebhaber. Es ist auch nichts für den Pop-Markt. Aber Garretts Fans werden begeistert sein, und vielleicht lässt sich aus ›Free‹ am Ende doch auch die eine oder andere Single für die Charts auskoppeln.«

Im Internet überschlugen sich die Kritiken der – überwiegend weiblichen – User sowieso. Eine Kundin des Portals amazon.de namens Sateira schwärmte: »Die Musik von David Garrett ist einfach unglaublich! Ich bin ja schon länger Crossover-Rock/Klassik-Fan; aber dass solche Musik tatsächlich möglich ist, hätte ich nie zu hoffen gewagt. Und wenn man das Booklet aufmerksam liest und entdeckt, dass Garrett fast alle Arrangements selbst gemacht hat, ahnt man, dass uns hier vielleicht/wahrscheinlich ein Mozart des 21. Jahrhunderts heranwächst. Sein Violinspiel ist einfach herausragend, kraftvoll, fast berauschend, und seine Arrangements hauchen auch so einigen abgenudelten und verschmachteten Klassikstücken neues, frisches Leben ein. Dass man sich als Klassik- und Rock-Fan beim Musikhören nicht mehr für die eine oder andere Richtung entscheiden muss, ist ein zusätzlicher Gewinn. Hörgenuss vom Allerfeinsten, und dass der Typ auch noch optisch eine echte Sahneschnitte ist, rundet den Genuss weiter ab.«

Es war genau diese Ausnahme-Optik, gepaart mit Virtuosität am Instrument, mit denen die DEAG für David Garrett 2007 bei diversen Fernsehanstalten hausieren ging. Mit Erfolg: Am 13. November des Jahres hatte David einen ca. 10-minütigen Auftritt in Stefan Raabs Show »TV total«. Wenige Tage später war er zu Gast in der »NDR Talk Show«. Dort erzählte der Geigenvirtuose entspannt und charmant wie bei allen seinen Fernsehgastspielen etwa, wie er junge Leute für klassische

Musik begeistern will, warum er eine Auszeit nahm und welche Pläne er für die Zukunft hat.

Am 13. Dezember schließlich war David Gaststar bei der »José Carreras Gala«, wo er »La Califfa« zum Besten gab. Und fünf Tage später markierte er bei »RTL Explosiv« inkognito für 20 Minuten einen Straßenmusikanten; dabei spielte er vor einem Berliner Kaufhaus – und verdiente immerhin 33 Euro bei dieser Aktion. Ein ähnliches Experiment als Straßenmusikant führte er im März des folgenden Jahres für »Stern TV« durch, als er sich anonym und umgestylt der Begutachtung durch Fachleute des Orchesters der Deutschen Oper Berlin stellte. Dem Operndirektor Christoph Seuferle, dem 1. Konzertmeister Detlev Grevesmühl und der stellvertretenden Solobratschistin Kirsikka de Leval Jezierski hatte man vorher weisgemacht, dass es sich um ein junges Talent ohne Ausbildung handle. Detlev Grevesmühl hörte dann allerdings gleich beim ersten Stück eine amerikanische Technik heraus und vermutete einen Geigenlehrer aus den USA, womit er goldrichtig lag.

Bei all diesen öffentlichkeitswirksamen Aktionen wurde bereits auf Davids Album »Virtuoso« hingewiesen, das ihm den endgültigen Durchbruch verschaffen sollte – obwohl es erst einige Wochen später auf den europäischen Markt kam. Auf »Virtuoso« war letztlich das komplette Repertoire des Albums »Free« zu hören, versehen mit einem anderen Cover: David publikumswirksam mit aufgeknöpftem weißem Hemd sowie einer Stradivari in der Rechten verträumt vor sich hinschauend.

Mit einem Mal ging der Plan der DEAG und von Garrett, Davids Musik einer breiten Öffentlichkeit zugänglich zu machen, auf: In Großbritannien erklomm »Virtuoso« Rang 17 der offiziellen Pop-Charts, in Deutschland Rang 32, in Öster-

reich Rang 51 und in der Schweiz Rang 96. Großartige Erfolge für die Musik eines Künstlers, der bislang beinahe ausschließlich in der überschaubaren Klassikszene wahrgenommen worden war.
Kein Wunder, dass David Garrett nach diesem Überraschungserfolg immer öfter von Tageszeitungen und anderen Magazinen, die mit Klassik ansonsten wenig am Hut haben, zum Interview bestellt wurde. Und auch die Fragen der Journalisten gingen weit über das »klassische« Musikgeschäft hinaus. David hielt sich wacker und blieb stets entspannt, wie es seinem Naturell entspricht.
Auf die Frage der »Baseler Zeitung«, ob er Anne-Sophie Mutter oder Robbie Williams bevorzuge, meinte er lässig und ganz modern: »Ich schätze beide sehr. Ich sehe mich jedoch als klassischen Geiger. Doch wer sein Zuhause nicht verlässt, lernt auch nichts dazu.«
Auch Boulevardgazetten wie die »Berliner Morgenpost« nahmen jetzt den attraktiven Violinisten wahr, konnten seinen Stellenwert allerdings noch nicht recht einschätzen: »Schönheit ist eben doch nicht alles«, titelte das Blatt in seiner Ausgabe vom 30. Dezember 2007, als Unterzeile unkten sie: »Der unkonventionelle Geiger David Garrett wird als der neue Shootingstar der Klassik angepriesen. Aber ist er das wirklich?«
Die Autorin Sabina Béblé beantwortete die Frage wie folgt: »Garrett wirkt eher wie ein Rockmusiker als wie ein klassischer Geiger: Er will mit seinem Album ›Virtuoso‹ den Klassikmarkt erobern. Ein blonder Adonis mit langen Haaren und laszivem Blick lässt den Betrachter innehalten. Das weiße Hemd ist aufgeknöpft, ein silberner Kreuzanhänger blitzt hervor. Das ist nicht etwa eine Werbung für ein Edelparfüm, sondern das Cover zu David Garretts neuer CD ›Virtuoso‹.

Ist das ein neuer Star am Geigenhimmel? Nein. Und so neu ist er auch gar nicht. Als Vierjähriger erhielt Garrett bereits seine erste Geige. Die Eltern, eine amerikanische Tänzerin und ein Deutscher, merkten schnell, dass ihm das Musizieren außerordentlich leichtfiel. Ein neues Wunderkind vielleicht?
Bisher wurden nur die weiblichen Musikstars auf diese Weise präsentiert. Neuerdings müssen auch die Männer herhalten. Das macht allerdings nur Sinn, wenn die Qualität wie zum Beispiel bei Joshua Bell oder Gustavo Dudamel herausragend ist. David Garretts neue CD ist ein Crossover-Album mit Eigenkompositionen des Geigers, Filmmusik und Arrangements über bekannte Stücke wie den ›Hummelflug‹, die ›Carmen-Fantasie‹ oder Paganinis Capriccio Nr. 24. Der Titel der CD lautet vollmundig ›Virtuoso‹.
Allerdings kann die Aufnahme ihr großes Versprechen nicht wirklich einlösen. Denn die Arrangements wirken auf seltsame Weise lieblos, klingen eher wie schlechte Popsongs, und David Garrett kommt als Musiker nicht wirklich zur Geltung. Von Virtuosität kann hier nicht die Rede sein. Joshua Bell hat sich mit dem Bluegrass-Album ›Short Trip Home‹ oder ›Voice of the Violin‹ ebenfalls in Richtung Crossover gewagt, mit Erfolg. Sein Spiel löst auch Gänsehaut aus, Garretts hingegen nicht. Bleibt nur zu hoffen, dass der begabte und unkomplizierte Geiger von seinem etwas pubertären Ausflug zurückfindet. Telegen ist er in jedem Fall.«
Andere Medien wie etwa das Internetportal stern.de hatten mit »Virtuoso« partout kein Problem: »Als David Beckham der Violine verkörpert David Garrett ein Wort – ›virtuos‹.« Gerade mal 25 Jahre alt, wird er von der BBC schon als Mythos tituliert: »Er hat das Zeug zur Legende – in ihm befindet sich eine ganze Sammlung an meisterhafter Violinkunst, dar-

gebracht mit einer gleichermaßen furchterregenden wie unbegreiflichen Schönheit.«

Gerade hat David Garrett sein Crossover-Album »Virtuoso« aufgenommen. Es spiegelt den Musikgeschmack eines 25-Jährigen wider, der die großen Melodien liebt, egal aus welchem Genre sie stammen. So hat Garrett neben einer wahrlich virtuosen Interpretation populärer Klassikstücke (z.B. aus »Carmen«) auch romantische Filmmusiken ausgewählt (Morricones »La Califfa«, Bernsteins »Somewhere« etc.) und ergänzt dies als – wie er selbst von sich sagt – stolzer Vertreter der MTV-Generation mit einer brillanten symphonischen Adaption von Metallicas »Nothing Else Matters«.

Selbst Berufszyniker Stefan Raab bescheinigte dem schicken Virtuosen in seiner Sendung »TV total« »hippes Gegeige«. Na also.

Nach der Veröffentlichung von »Virtuoso« startete David Garretts Karriere auch über die engen Grenzen der Klassikszene richtig durch. Der Mittzwanziger wurde flächendeckend von einem hauptsächlich jungen und weiblichen Publikum ganz neu wahrgenommen. Jemand Aufregender wie er blieb selbstverständlich auch den TV-Verantwortlichen nicht verborgen.

Und so tauchte David im Frühjahr 2008 in Sendungen mit äußerst unterschiedlichen Ansprüchen auf. Etwa am 15. März neben kontroversen Gästen wie dem Illusionisten Hans Klok oder dem Playmate und der durch die TV-Serie »Baywatch« bekannt gewordenen Schauspielerin Pamela Anderson in der Schlagersendung »Willkommen bei Carmen Nebel« im ZDF.

An jenem Abend in der Berliner Veranstaltungshalle Velodrom war der Anteil der reinen Volksmusikvertreter erstaunlich gering, was für David Garrett etliche Vorteile hatte: Er konnte bei seiner Vorstellung mit seinem Können wie seinem sympathischen und jugendlichen Aussehen punkten. Das Niveau der Sendung wurde dadurch noch erhöht, dass mit Lucia Aliberti eine der weltbesten Sopranistinnen und mit der Italienerin Milva eine der Ikonen des europäischen Chansons zu Gast waren.

Nur einen Tag später hatte David seinen Auftritt bei »Götz Alsmanns Nachtmusik«, ebenfalls beim ZDF. In dieser unregelmäßig ausgestrahlten Sendung wird versucht, dem Fernsehzuschauer gehaltvolles wie lustvolles gemeinsames Musizieren schmackhaft zu machen, mit Musikern weitgehend aus der klassischen Ecke. An jenem Abend waren neben Garrett und dem Gastgeber Alsmann, der selbst Musiker ist, auch Max Raabe, Danielle de Niese, die King's Singers und Jonas Kaufmann zu Gast. Es spielte das Orchester der Ludwigsburger Schlossfestspiele unter der Leitung des Dirigenten Michael Hofstetter.

David präsentierte in der »Nachtmusik« zunächst solo Pablo de Sarasates »Zigeunerweisen«. Danach »duellierte« er sich mit dem Moderator der Sendung, der auf seiner elektronischen Mandoline aufspielte. Die Medien berichteten in den folgenden Tagen euphorisch über diesen so virtuosen wie attraktiven und charmanten jungen Violinisten. Einer ganz großen Karriere in Deutschland wie auch im Rest der Welt sollte fortan nichts mehr im Wege stehen.

David 1997 im Alter von siebzehn. Zu dieser Zeit spielt er mit den Münchner Philharmonikern in Delhi und Mumbai zum 50. Jahrestag der indischen Unabhängigkeit.

Davids Gastauftritt 2002 bei »The Nokia Night of the Proms« vor insgesamt über 600 000 Zuschauern in zwei Monaten war eine der ersten Stationen als »Popstar«.

OBEN (LINKE UND RECHTE SEITE): *David ist nicht nur gerngesehener Gast bei Fernsehshows wie »Wetten dass …?«, wo er Thomas Gottschalk und Wolfgang Rademann begeistert, und Götz Alsmanns »Nachtmusik« (hier mit dem Musiker und Moderator Alsmann sowie dem Sänger Max Raabe) …*

Unten (linke und rechte Seite): *… er begeistert sich auch für Mode und besucht Fashionshows in Berlin und New York.*

Sein Können wird mit Preisen wie GQ, ECHO und Goldene Kamera belohnt …

… bei deren Verleihung er den Titelsong aus dem Film »Fluch der Karibik« zum Besten gibt.

Egal ob David eher im rockigen Outfit auftritt, wie hier bei einer Pressekonferenz über den Dächern von Hamburg …

GEGENÜBERLIEGENDE SEITE OBEN: *… oder im schwarzen Anzug wie am 4. Mai 2009 im Deutschen Theater in Berlin bei dem CDU-Festakt »60 Jahre Bundesrepublik, 20 Jahre Mauerfall«: Sobald er zu spielen beginnt, existiert nur noch die Musik.*

Aber es kann auch mal etwas schiefgehen: David mit seiner »Ersatz«-Stradivarius. Er war bei einem Konzert gestolpert und auf seinem Instrument gelandet, wobei ein Sachschaden von etwa 60 000 englischen Pfund entstand.

Trotzdem ist Davids Erfolg ungebrochen. Im Januar 2009 erhält er je eine Goldene Schallplatte für seine Alben »Virtuoso« und »Encore«.

Im Oktober 2009 erscheint seine erste DVD »David Garrett Live – In Concert & In Private«, deren Präsentation in München ihm sichtlich Spaß macht.

Aufgefiedelt

DIE GEIGEN DES DAVID GARRETT

David Garrett hat in Gesprächen mit den Medien immer wieder betont, dass es für ihn als euphorischen Violinisten »wichtig ist, eine alte Geige zu haben und zu spielen. Mir kann keiner, der sich in der Materie auskennt, erzählen, dass eine neue genauso wie eine alte klingt.«

Ehe David sich allerdings daranmachte, auf Millionen Euro teuren, jahrhundertealten, exklusiven Geigen zu musizieren, fing er – wie die meisten Nachwuchstalente – als kleiner Junge von vier oder fünf Jahren auf einer sogenannten »Achtel-Geige« mit dem Üben an. Später wandte er sich einer »Viertel-Geige« zu.

Der Legende nach soll das erste dieser Instrumente, die aufgrund ihrer ungewöhnlich kleinen Größe »Kindergeige« genannt wurden, im Jahr 1746 von Leopold Mozart, dem Vater von Wolfgang Amadeus, beim Geigenbauer Andreas Ferdinand Mayr in Auftrag gegeben worden sein. Eine solche »Mini-Geige« hatte bis dahin nicht existiert. Diese Geschichte ist unter Fachleuten umstritten. Einig sind sich die Experten hingegen darüber, dass es seit dem 18. Jahrhundert sogenannte »Piccolo-Instrumente« gibt, etwa den »Violino piccolo«, den Miniaturbass »Bassetto« oder das »Fagottino«.

Mit dem Aufblühen der bürgerlichen Musikkultur im 19. Jahrhundert, die zahlreiche – insbesondere geigende – »Wunderkinder« hervorbrachte, begann auch die Zeit, in der Kinderinstrumente bewusst als solche gebaut wurden. Die Maßeinheiten dieser Instrumente sorgen allerdings für Verwirrung. Woher genau die Bezeichnungen stammen, weiß keiner so recht. Eine »Dreiviertel-Geige« misst nicht etwa 75 Prozent einer »richtigen« Geige, sondern ungefähr 91 Prozent. Im selben Verhältnis stehen auch die halbe zur Dreiviertel-, die Achtel- zur Viertel- und die Sechzehntel- zur Achtel-Geige. Nur der Sprung von der halben zur Viertel-Geige ist doppelt so groß. Warum das so ist, kann niemand erklären.

Klein David jedenfalls begann seine außergewöhnliche Karriere auf »Kindergeigen«. Erst mit zehn Jahren bekam er seine erste »richtige« Violine. Ansonsten war er schon als Steppke fasziniert von dem Instrument, das ihm heutzutage seinen komfortablen Lebensunterhalt gewährleistet und zudem seine größte Leidenschaft ist. Er hat früh aus Katalogen und Büchern Geigen ausgeschnitten und gesammelt, und an seiner Kinderzimmerwand hing der Kalender von »The Strad«, einem renommierten englischen Geigenmagazin, den er jedes Jahr geschenkt bekam.

David konnte sehr schnell Geigen unterscheiden; er ordnete Bilder der Instrumente in Kataloge, so wie andere Briefmarken sammeln. Seine erste »erwachsene« Geige spielte er in der Öffentlichkeit am 20. Mai 1991, als er bei der ZDF-Sendung »Achtung, Klassik!« mit dem Dirigenten, Pianisten und Moderator Justus Frantz auftrat.

Bereits in jungen Jahren hatte David zahlreiche Bewunderer, die von seiner Musik begeistert waren, darunter auch Politiker. Als Dreizehnjähriger bekam er vom damaligen Bundespräsidenten Dr. Richard von Weizsäcker eine Einladung für ein Konzert in dessen Amtssitz, der Villa Hammerschmidt in Bonn. Dort wurde ihm angeboten, eine Geige des wohl berühmtesten Violinenbauers der Welt – Antonio Stradivari – aus dem Jahr 1710 zu spielen. Dieses Instrument beeindruckte den Teenager schwer.

Seit 1999 spielte David eine »San Lorenzo« aus dem Jahr 1718. Ab 2003 besaß er eine Violine des legendären italienischen Geigenbauers Giovanni Battista Guadagnini aus dem Jahr 1772. Giovanni Battista, geboren am 23. Juni 1711 in Norditalien und gestorben am 18. September 1786 in Turin, war der bekannteste Spross der Geigenbauerfamilie Guadagnini und Sohn des Geigenbauers Lorenzo Guadagnini, eines Schülers des bis heute weltberühmten Antonio Stradivari. Die Mitglieder des Guadagnini-Clans bauten vom 18. bis ins 20. Jahrhundert hervorragende Violinen, inzwischen wurde die Produktion allerdings eingestellt.

In Insider-Kreisen genießen die Instrumente jedoch weiterhin hohes Ansehen. Zahlreiche Solisten befinden sich im Besitz eines Exemplars, etwa die bekannten Geigerinnen Julia Fischer, Vanessa Mae oder Lara St. John. Auch einer von Davids früheren Lehrern, Zakhar Bron, nennt eine »Guadagnini« aus dem Jahr 1757 sein Eigen.

David musste für sein Exemplar beim Kauf in New York 2003 rund eine Million US-Dollar hinlegen, das sind nach aktuellem Wechselkurs ca. 850 000 Euro. Dann kam der 27. Dezember 2007 und damit für David Garrett der »Dies ater«, was sein über alles geliebtes Instrument anging: Der Saitenvirtuose hatte am Abend dieses Tages ein Konzert im Londoner Barbican-Center absolviert. Unmittelbar nach dem Konzert packte er seine Fiedel in den dafür vorgesehenen Kasten und wollte das Gebäude verlassen, als er auf einer Betontreppe ausrutschte und hinfiel – mit voller Wucht direkt auf seinen Geigenkasten. »Als ich ihn öffnete, war mein Instrument zum größten Teil zerbrochen«, verriet ein tieftrauriger Garrett der internationalen Presse.

Der Tageszeitung »Berliner Morgenpost«, die ihn auf diesen bedauernswerten Unfall ansprach, sagte er zu diesem Thema in der Ausgabe vom 15. Mai 2008: »Eigentlich will ich darüber nicht mehr reden. Ich bin einfach nur ausgerutscht auf einer Stufe, unglücklicherweise hatte ich den Geigenkasten auf dem Rücken. Mit dem ganzen Körpergewicht bin ich auf die Steintreppen gefallen. Und so habe ich das Übel angerichtet. Es war ein Schockzustand. Es war, als wäre jemand gestorben. Man will es nicht glauben.«

Eine Zeitlang war nicht klar, ob die »Guadagnini« repariert werden kann. »Ich hoffe und bete, dass es gelingt«, sagte er nach seinem Malheur zu den Medien – um hinzuzufügen: »Falls nicht, so hoffe ich, dass meine Versicherungspolice es mir ermöglicht, eine neue großartige Violine zu kaufen.« Die Reparatur, meinte er noch, würde um die 60 000 Euro kosten und rund neun Monate in Anspruch nehmen.

Ob die Reparatur gelungen ist, darüber gibt es keine verbürgten Angaben. Tatsache ist in diesem Zusammenhang lediglich, dass der Stargeiger am 22. Oktober 2008 für einen Kurzbesuch nach Hamburg kam, um dort sein damals aktuelles Album »Encore« vorzustellen. Am Flughafen-Drehkreuz Frankfurt/Main hielten misstrauische Zöllner Garrett fest, der aus New York angereist war und einen Anschlussflug erreichen wollte, um einen Blick in seinen Geigenkasten zu werfen.

»Es war morgens um sieben. Nach acht Stunden im Flieger war ich total müde«, erzählte Garrett der »Hamburger Morgenpost« vom 23. Oktober 2008. Im Handgepäck hatte er seine Violine – laut der hanseatischen Tageszeitung seine geliebte »Guadagnini« von 1772. Die Zollbeamten jedenfalls wurden stutzig, da sie ihr prominentes Gegenüber nicht erkannten, und fragten David, ob er einen Kaufbeleg für das wertvolle Instrument besitze. Fakt ist: Wer aus Nicht-EU-Ländern anreist, darf nur Waren bis zu einem Wert von 175 Euro einführen, ohne sie verzollen zu müssen – das ist Gesetz.

Garrett konnte zunächst nicht nachweisen, dass er die Geige nicht gerade erst in Amerika gekauft habe. Fassungslos erklärte er dem Zöllner, dass er sein Instrument nicht schmuggle, sondern damit Konzerte absolviere. In seiner Hilflosigkeit bot er als Beweis dafür sogar an, spontan etwas vorzuspielen. Erst als Garretts Steuerberaterin einen Beleg und seine Schweizer Versicherung eine Police faxte, durfte der Superstar weiterziehen. Eine Anekdote, die beweisen dürfte, dass Davids »Guadagnini« repariert werden konnte, denn es ist nie etwas darüber bekannt geworden, dass David eine neue Violine des legendären Geigenbauers gekauft hat.

Sicher ist allerdings, dass der Virtuose unmittelbar nach seinem »Unfall« einige Konzerte mit einer Original-Stradivari bestritt und auf dieser auch seine täglichen Übungsstunden absolvierte. Bei dieser Stradivari handelte es sich allerdings um ein ausgeliehenes Instrument, das aber nicht identisch mit der »San Lorenzo« war. Vielmehr handelte es sich um eine Busch-Stradivari aus dem Jahr 1716.

David ließ sich die Geige Anfang Februar 2008 von Mailand nach London einfliegen, weil er in der englischen Hauptstadt am Valentinstag ein Konzert spielte, übrigens erneut im Barbizon Centre. Das zierliche Instrument, das einen geschätzten Wert von drei Millionen Dollar haben soll, wurde gleich von drei Bodyguards auf dem Flug begleitet und an Garrett übergeben.

Die Leihgaben wurden von der alteingesessenen amerikanischen Firma »J & A Beare« vermittelt. Bei den »Beares«, wie dieses Expertenteam auch genannt wird, handelt es sich um einen Familienbetrieb, der 1892 gegründet wurde und sich auf den Verleih, den Verkauf und die Vermittlung hochwertiger Instrumente spezialisiert hat. Zu ihren Klienten gehören Geigen-Koryphäen wie Yehudi Menuhin, Isaac Stern, Nigel Kennedy oder Yo Yo Ma. Und inzwischen auch David Garrett.

Doch warum sind Stradivari-Geigen die bekanntesten, teuersten und angeblich besten Violinen der Welt, woher stammt ihr sagenhafter Ruf? Antonio Giacomo Stradivari, geboren Mitte des 17. Jahrhunderts – das genaue Datum sowie der Geburtsort sind unbekannt –, gestorben am 18. Dezember 1737 im italienischen Cremona, war mehrere Jahre Schüler des in seiner Ära legendären Geigenbauers Nicola Amati. 1680 machte sich Antonio mit einer eigenen Werkstatt im norditalienischen Cremona selbständig.

In dieser Phase begann er einerseits Modelle im Stil seines Meisters zu bauen, experimentierte zur selben Zeit aber mit verschiedenen Dicken des Holzes und diversen Lacken. Seine als am gelungensten beurteilten Instrumente baute er zwischen 1698 und 1725. An Instrumenten, die nach 1730 signiert sind, haben möglicherweise seine Söhne Omobono und Francesco mitgewirkt.

Man schätzt, dass Stradivari in seiner Laufbahn etwa 1100 Violinen, Bratschen, Celli, einige Gitarren und eine Harfe gebaut hat. Von den Celli gibt es heute nur noch ca. 60 Stück, insgesamt sind schätzungsweise noch 650 Instrumente erhalten.

Seit etwa 1800 genießen seine Instrumente einen hohen Beliebtheitsgrad und erzielen Höchstpreise bei Verkäufen. 1998 wurden auf einer Versteigerung bei »Christie's« in London für die »Kreutzer Strad« etwa 1,5 Mio. Euro bezahlt. Einen Rekordpreis erzielte die von »Christie's« in New York versteigerte »Lady-Tennant-Geige« im April 2005: Ein unbekannter Bieter bezahlte 1,53 Mio. Euro. Am 16. Mai 2006 wurde dieser Preisrekord jedoch neuerlich in den Schatten gestellt, als »Christie's Musical Instruments New York« im Rockefeller Plaza eine Stradivari für 3,544 Mio. US-Dollar/2,797 Mio. Euro versteigerte. Die Geige mit dem Namen »Hammer« wurde 1707 in Cremona in Italien gebaut. Ihren Namen hat sie von ihrem ersten urkundlich belegten Besitzer, dem schwedischen Hofjuwelier und Sammler Christian Hammer. Er hatte die Geige im 19. Jahrhundert gekauft.

Zu den größten öffentlich zugänglichen Sammlungen von Stradivari-Instrumenten gehört die des spanischen Königshauses. Sie besteht aus zwei Violinen, zwei Celli und einer Viola. Die Besonderheit dieses Quintetts ist, dass alle Instrumente verziert sind. Sie sind im Musikmuseum des ehemaligen Königspalasts (Palacio Real) in Madrid ausgestellt. Ein weiteres Quartett verzierter Instrumente und ein unverziertes Cello kann man in der Sammlung der Smithsonian Institution in Washington D.C. bewundern. Nur zwei Kilometer entfernt, in der Library of Congress, befinden sich weitere fünf Stradivari-Instrumente. Eine andere große Sammlung von Streichinstrumenten mit ebenfalls fünf Instrumenten von Antonio Stradivari besitzt das Musikkonservatorium in Paris, jetzt in der Cité de la musique. Auch das Kunsthistorische Museum in Wien zeigt in seiner Sammlung alter Musikinstrumente ein Quartett von Stradivari. Dass 300 Jahre nach ihrem Bau immer noch viele Instrumente in Gebrauch sind, zeigt die Tatsache, dass fünf Musiker der Wiener Philharmoniker auf Instrumenten von Stradivari spielen. Mit dem Tokyo String Quartet und dem Stradivari Quartett gibt es derzeit

zudem zwei Ensembles, die ausschließlich auf Stradivari-Instrumenten spielen.
Speziell die Violinen Stradivaris sind nicht nur bei Sammlern, sondern auch bei Musikern hoch geschätzt und begehrt. Ihr Spiel wird oft als »sehr lebhaft« beschrieben, sie »flackern«, der Ton »bewegt sich wie ein Kerzenlicht«. Eine weitere Besonderheit einer Stradivari ist, dass sie im Bereich zwischen 2000 und 4000 Hertz äußerst gut klingt, das heißt in dem Bereich, in dem das menschliche Gehör am empfindlichsten ist. Dies führt dazu, dass selbst ein sehr leise gespielter Ton in einer großen Konzerthalle weithin hörbar ist, wenn er auf einer Stradivari gespielt wird.
Der Münchner Geigenbaumeister und Physiker Martin Schleske hat mit von ihm speziell entwickelten Computerprogrammen zur Schwingungsanalyse das akustische Verhalten alter Meistergeigen an einem Raster aus vielen Punkten gemessen und dabei entdeckt, dass spezielle asymmetrische Abweichungen der Materialstärke eine wichtige Rolle für den Klangcharakter spielen. Nach seiner Aussage beruht der besondere Klang jener Violinen nicht auf einem einzelnen Geheimnis, sondern neben den besonderen Holzeigenschaften auf präziser Beobachtungsgabe und akribischer Handwerkskunst, die Stradivari offenbar meisterhaft beherrschte.
Der Physiker Heinrich Dünnwald fand durch Klanganalyse heraus, dass das Spektrum der Stradivari-Geigen sehr dem Vokal »E« bzw. »I« der menschlichen Stimme ähnelt, wodurch ihr Klang als angenehm und besonders vertraut und emotional bewegend empfunden wird. Andere Geigen haben oft ein schmaleres Spektrum, das dagegen eher dünn oder grell klingt.
Fazit: Eine Stradivari ist so etwas wie der »Rolls-Royce unter den Violinen«. Da verwundert es nicht, dass eine gute Hand-

voll berühmter Geiger – sofern sie es sich leisten können – liebend gerne zu einem Instrument des legendären Geigenbauers greift: Anne-Sophie Mutter, Itzhak Perlman oder Yehudi Menuhin. Und David Garrett, der die Zeit, in der er so ein Luxusinstrument in Anspruch nehmen durfte, in höchstem Maß genoss. »Eine Stradivari zu spielen«, hat er immer wieder geschwärmt, »ist für einen Violinisten der wahre Himmel auf Erden.«

Aufgepeppt

VON DER KLASSIK ZUM CROSSOVER-KOMMERZ

Die Tatsache, dass ich mit 16, 17 Jahren niemanden in meinem Alter im Publikum gesehen habe, hat mich schockiert. Dieser Umstand hat mich dazu inspiriert, mir das Crossover-Projekt auszudenken«, erklärte David Garrett einem Redakteur der Homepage der »Frankfurter Allgemeinen Zeitung« – faz.net – für deren Ausgabe vom 16. Mai 2010. Und er führte weiter aus: »Wenn man Musik macht, will man doch auch seine eigene Generation ansprechen. Ich dachte mir, was machst du eigentlich? Du machst einen Beruf für Leute, die 60 Jahre alt sind. Das fand ich so uninteressant. Nicht die Musik, aber den Beruf, die Vorstellung, wie es die nächsten 40 Jahre weitergehen sollte, das wollte ich nicht haben.«

Endgültig herangereift ist bei David der Crossover-Gedanke – also die Kombination von Klassik mit Pop- und Rockelementen – während seines Studiums an der Juilliard School, wie er in Gesprächen mit Journalisten immer wieder erzählt hat. Auf seiner offiziellen Homepage berichtet der charmante Geiger am 16. März 2010, dass er gegenüber der reinen Klassik stets eine gewisse Reserviertheit empfand und während der Juilliard-Zeit immer öfter darüber grübelte, wie er »das Eis zwischen unterschiedlichen Musikstilen und Generationen von Hörern brechen« könne. Dazu war es nach Davids Überlegungen notwendig, den jungen Menschen »klassische Stücke zu geben, die sie eventuell kennen, und diese mit Melodien zu kombinieren, die von Musikern ihres Alters erzeugt wurden«.

Ob er glaube, mit dieser Methode ein größeres Publikum auch für Klassik interessieren zu können, wollte die »Braunschweiger Zeitung« in ihrer Ausgabe vom 18. November 2008 von David erfahren. »Das ist doch unsere Aufgabe«, erwiderte der Violinist. »Wir leben nicht in einer Welt, in der man darauf vertrauen könnte, dass das von allein kommt. Man muss rausgehen und die Leute für das, was man liebt, interessieren. Crossover ist dafür sehr geeignet. Und wenn einige Kritiker behaupten, das funktioniert nicht, dann kann ich sagen: ›Das stimmt nicht.‹ Bei mir sind auch die klassischen Konzerte ausverkauft. Und jawohl sind da viele junge Leute drin, die mich zuerst über Crossover kennengelernt haben. Ich liebe es, Auswahl zu haben, das macht es spannend. Durch Crossover entstehen immer neue Projekte, die mich interessieren. Und danach ist dann die pure Klassik auch für mich wieder neu schön.«

Bei aller Experimentierfreude ist Garrett dennoch froh, die harte Ausbildung an seinem Instrument hinter sich gebracht zu haben. Ihm nütze die klassische Virtuosität bei seinen Ausflügen in die unterschiedlichsten musikalischen Richtungen, hat er immer wieder in Interviews betont. Er müsse atmen mit der Musik. Deshalb höre er sich gerne Aufnahmen mit Gesang an, weniger Stücke anderer Violinisten. Die Geige imitiere schließlich nur die menschliche Stimme, davon ist David

überzeugt. »Und weil das so ist, muss ich mich bemühen, mit meinem Instrument meine eigene, besondere Stimme zu finden«, verriet Garrett der »Braunschweiger Zeitung«.
Um diese »besondere Stimme« in die Öffentlichkeit zu bringen, scheut David Garrett keine Anstrengung. So hat er auch kein Problem damit, für seine Musik Werbung zu machen und sich selbst den Menschen als Model zu präsentieren. David weiß, dass man die Leute packen muss. Und wenn Mädchen sagen, er sähe süß aus und den Kerl wollten sie im Konzert sehen, dann ist das für ihn absolut okay. So kommen sie immerhin zu seinen Auftritten. »Wir leben nun mal in einer visuell orientierten Welt«, hat er in Gesprächen mit den Medien gebetsmühlenartig betont. Die Klassik müsse bei dieser Entwicklung genauso mitziehen wie die Popmusik – all die attraktiven Opernsängerinnen und Opernsänger der jüngeren Generation sind ein gutes Beispiel. Wenn er durch sein Aussehen mehr Leute in klassische Konzerte bringt, spielt David diesen Trumpf genüsslich aus.
Das Schöne für ihn ist die Tatsache, dass junge Leute sein Repertoire oft gar nicht kennen, dass für sie alles neu ist und sie während eines Auftritts nicht selten von der Kraft dieser Musik überwältigt werden. Auch wenn David einen Teil seines Publikums dank seines guten Aussehens in die Konzerthallen lockt, so ist es ihm wichtig, sie dort davon zu überzeugen, dass er kein untalentierter Schönling ist, sondern sein Instrument bestens beherrscht.
Ganz neu ist der Crossover-Gedanke, Klassik mit Rock und Pop zu vermengen, nicht. Die Internet-Enzyklopädie wikipedia.de charakterisiert den Begriff als »populäre Klassik, von der einzelne bekannte Stücke, Teile oder Sätze aus ihrem Zusammenhang gerissen werden, wobei künstlerische Aspekte wie Interpretation oder Werktreue meistens vernachlässigt

werden. Nicht selten findet auch ein Eingriff in die originale Werkgestalt statt, zum Beispiel durch ein neues Arrangement, Uminstrumentierung oder Kürzung.«

Ehe David sich mit seiner Violine in die öffentliche Wahrnehmung spielte, gab es bereits Könner auf diesem Instrument, die speziell in den 1990er Jahren die Herzen der Menschen und die regulären Pop-Charts eroberten. Einer der Bekanntesten und Erfolgreichsten unter ihnen ist der Brite Nigel Kennedy. Bei ihm trug das Image mehr zum Erfolg bei als die Beherrschung des Instruments. Kennedy, ein zweifelsohne brillanter Violinist, wurde häufig wegen seiner verwegenen Strubbelfrisur und der ausgefallenen Klamotten als »Klassik-Punk« bezeichnet. David Garrett empfindet zu ihm keine Verbindung, weder musikalisch noch imagetechnisch. Nigel Kennedy ist für ihn ein ordentlicher Interpret, doch kenne er zu wenig von dessen Alben, als dass er sich ein Urteil erlauben könne.

Als David vom Onlineportal des Wochenmagazins »Die Zeit« – zeit.de – in der Ausgabe vom 7. Januar 2009 vorgeworfen wurde, hinter seiner Doppelkarriere von einerseits anspruchsvoller, andererseits unterhaltsamer Musik stecke eine ausgefeilte Marketingstrategie, konterte der Deutschamerikaner ganz lässig: »Ich habe jahrelang die Plattenfirmen abgeklappert und versucht, die Leute für das Crossover-Projekt zu gewinnen. Von ausgeklügeltem Marketing kann hier deshalb überhaupt keine Rede sein. Das Marketing, das ich einmal miterlebt habe, war zu meiner Kinder- und Jugendzeit bei der ›Deutschen Grammophon‹. Da wurde mir gesagt: ›Wir nehmen das auf, du ziehst das an und sag gefälligst dieses und jenes im Interview.‹ Bevor ich mir das wieder vorschreiben ließe, würde ich die Geige an den Nagel hängen. Crossover ist in der Tat das, was ich liebe und lebe.«

Aufgespielt

DER INTERNATIONALE DURCHBRUCH

»Du verbringst die meiste Zeit mit deiner Violine. Ist das für dich so, wie andere Leute Beziehungen führen?«, wurde David Garrett von der ARD am 26. April 2010 im Interview gefragt. Und der Meisterviolinist antwortete entspannt und gleichzeitig konzentriert: »Ja, momentan gibt es für mich keine andere. Da kann kommen, wer will, Musik hat für mich Priorität.«

Worte, die sehr gut den Seelenzustand von David widerspiegeln, in dem er sich befand, seit er mit »Virtuoso« den internationalen Durchbruch geschafft hatte. Es wirkte beinahe so, als würde er sich an seinem zarten Instrument festklammern, um nicht überzuschnappen bei all dem Trubel, der seitdem über ihn hereingebrochen war. Langsam wurde ihm nämlich bewusst, dass er auf der Erfolgsleiter höher und höher stieg.

Dennoch setzte er sich dank seines Instruments und mit enormem Fleiß von solchen Höhenflügen ab: »Man muss jede Menge Zeit in die Geige investieren und vor allem Geduld und Spaß am Spielen haben«, meinte er im selben Gespräch mit der ARD bescheiden. Und auf die Frage, ob der Erfolg

nicht ziemlich viel Ruhm und gleichzeitig Stress mit sich bringe, erwiderte David nur: »Ich bin glücklich damit! Wenn ich morgens aufstehe, fühle ich mich wirklich gut.«
Früher, sagte er, hätte er Leute beneidet, die ein »normales« Leben führen würden. Inzwischen allerdings habe er seine Identität gefunden: »Ich ziehe mein eigenes Ding durch und habe viel Spaß dabei.« Einzige Priorität an den wenigen Tagen, die er privat zu Hause verbringt: möglichst keine Musik, möglichst Stille. »Musik bedeutet für mich immer Arbeit, da kann ich nicht entspannen«, gab Garrett zu Protokoll.
Seit der »Virtuoso«-Veröffentlichung und dem damit verbundenen sensationellen Durchbruch in der Öffentlichkeit bekam Davids Management immer mehr Anfragen von Nicht-Musikmagazinen, die entsprechend nicht-musikmagazinmäßige Fragen an den jungen Violinisten stellten. Fragen nach seinem ungewöhnlichen Style, vor allem aber auch Fragen nach seinem Privatleben. David beantwortete sie alle mit einer Entspanntheit, als hätte er sein Leben lang nichts anderes getan. Gleichzeitig umschiffte er höflich und geschickt die Klippen, den Medien allzu Intimes zu erzählen.
Seinen für einen klassischen Geiger extravaganten Look, bevorzugt mit Piratenpullover und Totenkopfringen, erklärte er nicht als Marketingstrategie, sondern als Teil seiner Persönlichkeit. »So bin ich schon rumgelaufen, als ich an der Juilliard School studiert habe«, meinte er, »insofern sind meine Sachen ziemlich normal für mich.« Man solle sich für seinen Beruf ganz allgemein nicht zu sehr verändern, ließ er verlauten.
Immer wieder musste David den Medien seinen musikalischen Crossover-Gedanken erläutern – und auch den Umstand, dass er der Klassik dafür nicht komplett den Rücken

gekehrt hatte. »Ich habe die Klassik nicht völlig aufgegeben, im Gegenteil«, ließ er die Tageszeitung »Mannheimer Morgen« in der Ausgabe vom 6. Dezember 2008 wissen. »Ich gebe bestimmt an die 130 rein klassische Konzerte im Jahr, dazu kommen um die 80 Crossover-Auftritte.« Und Garrett erklärte dem Blatt weiter: »In erster Linie hat mich meine Neugier zu den musikalischen Stil-Grenzgängen hingezogen. Ich habe mich gefragt, wie weit man mit der Geige gehen kann. Oder wie sie mit verschiedenen Instrumenten zusammenklingt.

Um den schnellen Erfolg ging es mir nicht: Mein Crossover-Projekt hat mich keinesfalls von heute auf morgen populär gemacht, aber dann ging es eben doch recht rasant nach oben. In der Klassik war das anders, da hat sich alles stetig weiterentwickelt.«

Punktum: David Garrett war mit seinem Status als Klassik-versierter und gleichzeitig Crossover-infizierter Violinist äußerst zufrieden. Er war sogar überzeugt davon, dass sein früherer Mentor, der legendäre und 1999 verstorbene Geiger und Dirigent Yehudi Menuhin, seine musikalischen Stilwanderungen gutgeheißen hätte. Menuhin beschränkte sich schließlich auch nicht allein auf die Klassik, sondern übertrat ebenfalls musikalische Grenzen. »Übrigens sind gerade Menschen, bei denen man denkt, sie seien extrem konservativ, extrem offen für meine Musik«, freute David sich im »Mannheimer Morgen«. »Meine ehemaligen Lehrer Ida Haendel und Itzhak Perlman mögen sie jedenfalls.«

Übrigens: David selbst hört privat nicht so gerne Crossover-Musik. Er bevorzugt die eigentlichen Genres. »Weil es sehr wenige gute Instrumentalisten gibt, die gelungenen Crossover machen«, hat er in Mediengesprächen immer wieder betont.

Irgendwann 2008 tauchte der schon heute legendäre Begriff des »David Beckham der Violine« für Garrett in den Medien auf. Der so Betitelte war durchaus stolz darauf, mit dem so attraktiven wie erfolgreichen englischen Fußballer verglichen zu werden. Der Geiger zog immer wieder gerne Parallelen zwischen Beckhams und seiner Vision: »Beckham hat dem Fußball ja neue Türen geöffnet und Jugendliche dafür begeistert, die sich vorher nie für diesen Sport interessiert haben. Das versuche ich auf dem Gebiet der Musik ebenfalls«, behauptete er.

Musikalisch fühlt sich Garrett vor allem einer einzigen legendären Gestalt der Violinistenhistorie verbunden: dem als »Teufelsgeiger« in die Geschichte eingegangenen italienischen Geiger und Komponisten Niccolò Paganini, der im späten 18. und frühen 19. Jahrhundert gewirkt hat und bis heute einen sagenhaften, fast mythischen Ruf besitzt. Wie sein Idol versucht David stets, neue Grenzen in seiner Arbeit zu finden und letztlich zu überschreiten.

»Wenn ich etwa ein Violinkonzert von Brahms spiele und versuche, die Fingersätze so zu finden, dass eine technisch schwierige Passage sich anhört wie fließendes Wasser«, erklärte Garrett der »Frankfurter Allgemeinen Zeitung« für die Ausgabe vom 16. Mai 2010, »dann ist das für mich ein neues Limit. Aber bei aller Technik ist das Wichtigste bei der Interpretation klassischer Musik die Ausführung.«

Was David an Paganini – aber auch an anderen charismatischen Koryphäen der Klassikgeschichte, etwa Franz Liszt, Maria Callas oder Enrico Caruso – neben der musikalischen Virtuosität besonders beeindruckt, ist das Erscheinungsbild in der Öffentlichkeit, auf das er selbst gleichfalls großen Wert legt. Er ist überzeugt davon, dass die Musikwelt eine sehr visuell orientierte ist und stets war.

Alle seine Helden haben mit ihrem Image gespielt, ist der Deutschamerikaner überzeugt. »Natürlich hatten diese Leute unglaubliches Talent«, sagte Garrett zur »Frankfurter Allgemeinen Zeitung«, »aber Legenden wurden sie dadurch, dass sie darüber hinaus gedacht und ein breites Publikum angesprochen haben. Wenn jemand nie Interviews gibt und sich verschließt, das zu erklären, was seine Liebe ist, also klassische Musik, dann wird dieser Mensch auch nicht viele Leute erreichen. Natürlich ist unsere Aufgabe als Interpreten, dem Komponisten, also dem wahren Genie, gerecht zu werden. Aber trotzdem muss ich doch dieses wahre Genie ein bisschen promoten. Sehe ich zumindest so.«

Im selben Gespräch ging Garrett ein weiteres Mal auf den häufig von der wertkonservativen Seite erhobenen Vorwurf ein, vieles an seinem öffentlichen Auftreten sei reine Marketingstrategie: »Meine Arbeit hat doch nichts mit zerlöcherten Jeans zu tun«, ereiferte er sich. »Wenn ich mich wohl fühlen würde, in einem Sandsack zu spielen, warum soll ich das nicht tun? Das macht doch keinen Unterschied! Meinen Sie, ich spiele eine Note anders, wenn ich einen Anzug trage? Nein, keine einzige Note.«

Und trotz der immer wieder auftauchenden Image-Diskussion um seine Person kommt David am Ende des Gesprächs zu dem Fazit: »Ich bin für Medien interessant, weil ich klassische Musik spiele und ein bisschen anders aussehe als der typische Mann im Orchester. Aber das ist alles unwichtig. Klamotten sind unwichtig, Image ist unwichtig. Mein Metier ist die Tongebung.«

Um die Forcierung seines Images in der Öffentlichkeit mussten sich David und sein Management sowieso kaum noch selbst kümmern, da es immer mehr Anfragen unterschiedlichster Veranstalter verschiedenster Coleur gab, die Garrett gerne als Gast bei ihren Events dabeihaben wollten. Inzwischen ging es der DEAG vor allem darum, für ihren Schützling eine Vorauswahl zu treffen, wo er seine Abende in inspirierender Umgebung verbringen sollte.

Einer dieser Abende war der 4. September 2008. David fand sich im berühmten Berliner KaDeWe (= »Kaufhaus des Westens«) ein. Er absolvierte dort ein kleines Privatkonzert anlässlich einer Uhrenpremiere der Luxus-Lifestyle-Marke »Montblanc«. Diese Edelfirma ist berühmt für ihre aufwendigen, eindrucksvollen Events, und so fanden sich 450 geladene Gäste im Publikum, darunter Persönlichkeiten wie Maria Koteneva, Ehefrau des russischen Botschafters in Deutschland, Filmproduzentin Minu Barati, die Schauspieler Sophie Schütt und Thomas Heinze oder die Moderatorinnen Frauke Ludowig und Tamara Gräfin von Nayhauß, um nur einige der anwesenden Prominenten aufzulisten. Am Ende von Davids Gastspiel stellten sich KaDeWe-Chef Patrice Wagner und »Montblanc Deutschland«-Geschäftsführer Thomas Schnädter auf die Bühne und stimmten das Lied »Happy Birthday« an. Schließlich beging Garrett an jenem Abend seinen 28. Geburtstag. Spontan sangen die 450 Gäste mit – und der Jubilar begleitete das Ständchen selbst auf der Geige!

Exakt 13 Abende später hielt sich David Garrett erneut in der deutschen Bundeshauptstadt auf. Im Berliner »Friedrichstadtpalast« wurde zum 14. Mal die Goldene Henne verliehen, ein 3,5 Kilogramm schweres und 22 Zentimeter hohes Huhn aus Bronze. Zwei der Preisträger waren der damals noch amtierende Bundespräsident Horst Köhler und der legendäre Schlagerstar Udo Jürgens. Die Goldene Henne ist der wichtigste Medienpreis Ostdeutschlands. Seit 1995 wird er an die erfolgreichsten Menschen des Jahres verliehen. Eine

Jury vergibt die Preise in den Kategorien Politik, Charity und Lebenswerk, aber auch das Publikum ist gefragt. Es wählt direkt die Preisträger in den Bereichen Fernsehunterhaltung, Schauspieler, Musik und Sport.

Bereits im Vorfeld standen dafür in jeder Rubrik zwölf Kandidaten zur Auswahl. David war einer von ihnen, natürlich im Segment »Musik«. Er durfte zwar am Ende der Veranstaltung nicht die begehrte Trophäe mit nach Hause nehmen, doch einen vergnüglichen Abend hatte er trotzdem.

Die öffentlich-rechtliche Radio- und Fernsehanstalt MDR, das Magazin »Superillu« und der Friedrichstadtpalast verleihen die Goldene Henne. Zunächst war die Veranstaltung eher klein angelegt. Im Vordergrund stand der Gedanke, besonders ostdeutsche Künstler mit einem Preis auszuzeichnen. Diese waren nach dem Fall der Berliner Mauer und dem Verschwinden der DDR bei ihrem Publikum noch immer beliebt, hatten es nach der Wende aber schwer, im gesamtdeutschen Showbusiness Fuß zu fassen.

Mittlerweile hat sich die Goldene Henne zu einem der beliebtesten Medienpreise Deutschlands entwickelt. Sie flattert inzwischen über die gesellschaftliche Mauer und schmückt die Wohnzimmer von Publikumslieblingen aus Ost und West.

Das bronzene Federvieh wird jährlich zur Erinnerung an Helga Hahnemann verliehen. Die große ostdeutsche Entertainerin, Sängerin und Kabarettistin starb im November 1991 an Krebs. Ihr liebevoller Spitzname beim Publikum war »Henne«. Deshalb ist der Preis eine Bronzefigur in Gestalt eines goldschimmernden Huhns, die der Berliner Künstler Christian Bonnet geschaffen hat.

David verzauberte das anwesende Publikum an jenem 17. September 2008 mit seiner Version von Leonard Bernsteins Klassiker »Somewhere«. Man merkte ihm an, dass er an dem Abend jede Menge Spaß und Vergnügen hatte. Allerdings hetzte David Garrett im Herbst 2008 nicht von einer Party zur nächsten, vielmehr stand die Veröffentlichung seines nächsten Albums mit dem Titel »Encore« im Oktober für ihn im Vordergrund seiner Überlegungen. Darauf waren unter 16 Stücken gerade mal fünf »pure« Klassiker, Werke von Claude Debussy, Johannes Brahms, Antonio Vivaldi, Giacomo Puccini und Johann Sebastian Bach. Dazu gesellten sich zwei »moderne Klassiker«, nämlich der Evergreen »Summertime« von George Gershwin sowie der Sirtaki »Zorba's Dance« des griechischen Komponisten Mikis Theodorakis, außerdem eine Soundtrack-Adaption der Titelmelodie des Streifens »Fluch der Karibik« plus zwei Garrett-Eigenkompositionen. Der Rest des Repertoires teilte sich auf in mal launige, mal ungewöhnliche, mal einfach nur großartige Cover-Versionen von Künstlern quer durch den Rock- und Pop-Gemüsegarten, nämlich von Michael Jackson, Queen, der Soullegende Bill Withers, der französischen Alternative-Rock-Band Empyr und von AC/DC.

David hatte »Encore« im Sommer 2008 in den von Gitarrengott Jimi Hendrix 1968 in New York City gegründeten Electric Lady Studios aufgenommen. In diesen heiligen Hallen der Rockmusik hatten schon Großmeister des Genres wie David Bowie, die Rolling Stones, Kiss, Prince, Led Zeppelin und unzählige andere an einigen ihrer Alben gearbeitet.

»Encore« brachte die Karriere von David Garrett noch weiter nach vorne als »Virtuoso«. So erreichte die Scheibe in den deutschen Trendcharts am Tag der Veröffentlichung Platz fünf. In den iTunes-Klassik-Charts kletterte das Album sogar auf Platz eins. Letztendlich landete »Encore« in Deutschland auf Position sieben der offiziellen (Pop-)Hitparade, in Öster-

reich auf Platz 19, in der Schweiz immerhin auf Platz 31. Sensationell für das Werk eines klassischen Musikers, selbst wenn eine Menge Rockeinflüsse auf der Platte zu finden sind.
Die Kritiken für »Encore« fielen erneut weitgehend positiv bis restlos begeistert aus. Das Frauenmagazin »Brigitte« druckte in seiner Ausgabe vom 13. November 2008 unter der Überschrift »Der Highspeed-Geiger« folgende Rezension: »Die Platte ist ein Crossover-Projekt, das Poplieder und klassische Stücke mixt. Anders als viele (oft unangenehme und überflüssige) Projekte dieser Art davor versteht Garrett es allerdings, sich Pop wie Klassik mit einer spielerischen Verve und Ernsthaftigkeit zu nähern, die ihresgleichen sucht. Und zwar egal, ob es sich um Michael Jacksons ›Smooth Criminal‹ (sensationelle Version!) oder Brahms' ›Hungarian Dance No. 5‹ handelt: David Garrett geigt sie wie Punksongs. Er lässt gerne die Geige hemmungslos und ausgiebigst weinen, als gäbe es nur noch Gefühl auf der Welt. Keine Frage: Der Mann brennt für Musik.«
Andere Rezensionen fielen ähnlich hymnisch aus: »Garrett wird in der Zukunft mit Sicherheit eine überwältigende Präsenz in der Musikwelt des 21. Jahrhunderts haben«, war da zu lesen. »Er schafft das schier Unmögliche: Er interpretiert Songs wie Queens ›Who Wants To Live Forever‹, den Titeltrack von ›Fluch der Karibik‹ oder Johann Sebastian Bachs ›Air‹ komplett neu und schafft es, diese unterschiedlichen Titel in ein ebenso stimmiges wie faszinierendes Konzept zu bringen, ohne kitschig zu wirken.«
Die Homepage ndrkultur.de des Norddeutschen Rundfunks war in ihrer Ausgabe vom 24. Oktober 2008 gleichfalls verzaubert von Davids damals aktueller Platte: »Die Platte lebt von Gegensätzen«, war dort nachzulesen, »trotzdem ist alles aus einem Guss. Die mit einem Studienfreund geschriebenen Ar-

rangements stellen den Geiger in den Mittelpunkt. Doch ganz gleich, ob bei selbst komponierten, klassischen oder Popstücken – Garrett will faszinieren, nicht schockieren.«
»Die betonte Lässigkeit Garretts verdeckt, dass er keinen Alkohol trinkt, dass er mindestens drei Stunden pro Tag probt, dass er sich als Arbeiter versteht. Garrett möchte begeistern und motivieren, und das gelingt ihm zweifellos. Seine Stücke verführen zum Mitsingen, zum Mittanzen.«
David war »völlig überrascht vom Erfolg, den er mit ›Encore‹ hatte, und wahnsinnig glücklich darüber«, schwärmte er in diversen Medien. Schließlich hatte er all seine Energie in diese CD gesteckt, von den ersten Demos bis zur Produktion der Booklet-Seiten hatte er alles selbst mitgestaltet. Er hatte jede kleinste Sequenz persönlich überprüft, damit sie optimal ausfiel. Und nach so viel Engagement freute er sich natürlich, wenn das Ergebnis auch vielen Leuten gefiel.
Doch wie ging er mit dem neuen Mega-Erfolg persönlich um? »Gar nicht«, verriet er bunte.de Ende des Jahres 2008. »Ich haue mich so mit Arbeit zu, dass ich immer nur an morgen und das jeweils nächste Projekt denke. Also bleibt mir gar keine Zeit, um die Sache sacken zu lassen.« Und er betonte erneut im selben Interview, dass er mit der Platte »Leute erreichen will, die ansonsten gehemmt sind, sich mit Klassik zu befassen«.
Obwohl auf den letzten Alben immer wieder Eigenkompositionen von David zu finden waren, kann er sich nicht vorstellen, in absehbarer Zeit ein Werk ausschließlich mit solchen Stücken vorzulegen. Immerhin besäße er inzwischen allerdings genügend Selbstbewusstsein, um überhaupt eigene Lieder zu komponieren, was in der Klassik nicht üblich ist.
Am Anfang hatte er große Hemmungen, ob das klappt und

ob die Leute die Sachen mögen. Aber seit einiger Zeit bereitet ihm das Ganze einen Riesenspaß. »Das ist ein Projekt, das ich unbedingt verfolge«, verriet David zeit.de vom 7. Januar 2009. »Das kann in der Zukunft auch in andere Musikrichtungen gehen. Auf solche Herausforderungen warte ich geduldig.«

Die musikalische Vergangenheit, die aus »Klassik pur« bestand, holte Garrett im Zuge seiner Crossover-Euphorie dennoch ein: Im November 2008 brachte seine frühere Plattenfirma, die »Deutsche Grammophon«, eine CD mit für sie eingespielten Interpretationen unter dem Titel »The Fascination of David Garrett« heraus. In der dazu erschienenen Presseerklärung schrieb das Label: »Garrett galt als Kind und Teenager als ›Wundergeiger‹ und nahm für uns mehrere Alben auf. Sicherlich wird das Interesse an dem laut ›Bild am Sonntag‹ ›coolsten Geiger der Welt‹ noch lange nicht abreißen. Daher jetzt dieses schick verpackte Re-Release.« Die Wiederveröffentlichung wurde nur am Rande vom Publikum wahrgenommen und schaffte keine Hitparaden-Plazierungen.

David selbst kümmerte sich noch vor Ablauf des Jahres 2008 und kurz vor Weihnachten um eine Aktion, die ihm ein großes Anliegen war: Zusammen mit dem Schauspieler Bruno Eyron bereicherte er den damals aktuellen TV-Spot der Stiftung »UNESCO«. Diese weltweit agierende Organisation setzt sich für die Förderung von Kultur, Erziehung und Wissenschaft ein. Die Hauptbotschaft lautet: »Nur wer Kindern Bildung ermöglicht, gibt ihnen die Chance auf eine Zukunft.« Weltweit hatte die »UNESCO« zum damaligen Zeitpunkt mehr als 360 Projekte in 94 Ländern realisiert. Garrett engagierte sich liebend gerne für diese äußerst renommierte Wohltätigkeitsorganisation.

Ebenfalls kurz vor Weihnachten war der Starviolinist exklusiv auf dem Musiksender MTV für einen Werbeclip des neuen »Sony«-MP3-Players der Walkman-Reihe zu bestaunen. In dem gerade mal 30 Sekunden kurzen Spot kommt David, trotz riesiger Kopfhörer auf den Ohren, ziemlich cool rüber. Unterlegt ist der Clip mit einem Schnipsel aus Garretts Interpretation von Antonio Vivaldis Komposition »Der Sommer«.
Bereits im Juni 2009 wurde auf »Decca« das nächste David-Garrett-Werk, das schlicht unter seinem Namen firmiert, auf den Markt gebracht. Allerdings handelte es sich dabei lediglich um eine Zusammenstellung der letzten beiden Alben, um das David-Feuer bis zur nächsten »regulären« Neuerscheinung nicht verlöschen zu lassen. Die Rechnung ging zumindest in den USA auf, die CD »David Garrett« stieß in den offiziellen »Billboard«-Charts immerhin bis auf Rang 116 vor und öffnete dem Geiger eine erste schmale Tür in den riesigen amerikanischen Markt.
Der Kritiker C. E. Moore vom Magazin »The Christian Manifesto« beschloss seine hymnische Kritik mit den Worten: »Willkommen in Amerika, David! Wir hoffen, du hast eine Green Card, damit du als Ausländer bei uns arbeiten darfst. Denn so schnell schicken wir dich von uns aus nicht mehr nach Hause.«
Das Garrett-CD-Veröffentlichungskarussell drehte sich rasant weiter – bereits im November 2009 kam schon die nächste Platte unter dem Namen »Classic Romance« in die Läden. Dies war wiederum eine rein klassisch orientierte Aufnahme. Umso mehr erstaunte die Tatsache, dass sie Davids bislang erfolgreichste CD werden würde, zumindest was die Charts betraf: »Classic Romance« war in Deutschland bis auf Position vier vorgedrungen, in Österreich erreichte das Werk Platz zwölf, in der Schweiz Platz 21.

Die »Frankfurter Allgemeine Zeitung« vom 16. Mai 2010 war vom Albumtitel verwirrt und fragte beim Meister höchstpersönlich nach: »Könnte es nicht mal passieren, dass eine CD von Ihnen auch einfach zum Beispiel ›Mendelssohns Violinkonzert‹ heißt?« – »Warum?«, fragte Garrett keck zurück. »Da ist Mendelssohns Violinkonzert zwar drauf und dann noch sechs Stücke, die ich für Orchester arrangiert habe, alle aus der Romantik. Insofern fand ich den Namen ›Classic Romance‹ für die Scheibe ganz passend.«
Die Fans des Saitenvirtuosen waren durch die Bank enthusiastisch. Und das Internetportal amazon.de äußerte sich begeistert: »Die Event- und TV-Branche feiert ihn, doch irgendwie wird man den Verdacht nicht los, dass Garrett sich wünschte, auch im kleinen, aber feinen Feuilleton wieder eine Rolle zu spielen.
›Classic Romance‹ könnte ein Anfang sein, obwohl noch zu viele seiner hier interpretierten Virtuosenstücke das Ohr umschmeicheln, aber nicht unbedingt den Geist schärfen: Dvořáks ›Humoreske‹ und Massenets ›Meditation‹ sind darunter, Pablo de Sarasates ›Zigeunerweisen‹, Schuberts ›Serenade‹ und die ›Vokalise‹ von Sergei Rachmaninow. Dafür aber gibt es das komplette Violinkonzert e-Moll von Felix Mendelssohn Bartholdy zu hören und das ist – wörtlich gemeint – nicht von schlechten Eltern. Wunderschön gespielt: Ein edel vibrierender Stradivari-Ton folgt dem nächsten, der Himmel hängt sprichwörtlich voller Geigen, und die CD hält ihr Versprechen ein: eine klassische Romanze. Was will man mehr?«
Mehr wollten zweifelsohne die Medien; bei ihnen hätte David ab sofort Dauergast werden können. Und die ein oder andere Einladung nahm der neue Megastar natürlich gerne an, weil er sichtlich Vergnügen daran hatte: Am 7. November war er Wettpate bei der von Thomas Gottschalk moderierten ZDF-Show

»Wetten, dass …?«, wo er unter anderem Michael Jacksons »Smooth Criminal« zum Besten gab. Am 19. November desselben Jahres beehrte er Moderator Günther Jauch – zusammen mit seiner Großmutter sowie einer Stradivari – beim Promi-Special von »Wer wird Millionär?«. Der Aachener Frauenschwarm spielte mit TV-Moderatorin Andrea Kiewel, Comedian Atze Schröder und Moderator Daniel Hartwig für den guten Zweck um eine Million Euro. Die Profis schlugen sich tapfer, erzielten insgesamt 1 189 000 Euro Gewinn. David gewann dabei immerhin 64 000 Euro. Seine Oma hatte er an seiner Seite, weil er »Muffensausen vor dieser Sendung« hatte. »Meine Oma ist mein Glücksbringer«, sagte er in der Sendung, »und wir sehen uns sonst nur an Feiertagen oder zu Weihnachten.« Warum er seine Stradivari dabeihatte, dazu äußerte Garrett sich launig: »Ich habe gesagt, ohne Geige komme ich nicht, sonst kippe ich vom Stuhl. Ich will irgendwas Vertrautes bei mir haben, wo ich mich in Momenten der Schwäche festhalten kann.«
Bei der »José Carreras Gala« kurz vor Weihnachten 2009 gab David ein weiteres Stelldichein nach seinem Gastspiel im Winter zuvor; er spielte die »Humoresque« aus seinem damals aktuellen Werk »Classic Romance«. Und im Februar des folgenden Jahres wurde schließlich ein – kleiner – Traum wahr, denn David durfte seinen »Hummelflug« in der Show von Amerikas berühmtester TV-Moderatorin Oprah Winfrey zum Besten geben – die perfekte Werbung, um auch die US-Musikliebhaber für sein Werk zu begeistern.
Dann kam der 8. Juni 2010, an dem Garrett sein Open-Air-Konzert in der Berliner Wuhlheide vor 15 000 Zuschauern absolvierte. Die Veranstaltung war seit Monaten ausverkauft – und das ZDF zeigte rund einen Monat später, am 9. Juli, unter der Rubrik »Sommernachtstraum« die Highlights in einer einstündigen Sondersendung.

Moderiert wurde das TV-Special von der aparten Eva-Maria Grein, bekannt als Hochzeitsplanerin der ZDF-Reihe »Kreuzfahrt ins Glück« und Moderatorin der ZDF-»Frühlingsshow«. Sie plauderte charmant mit David backstage und gesellte sich zu seinen Fans ins Publikum. Er ist »der schnellste Geiger der Welt«, kündigte Eva-Maria Grein den »Sommernachtstraum« an, der »Sexiest Violinist Alive«, der »Popstar der Klassik schlechthin«. Im Backstage-Bereich war Garrett ein wahrer Gentleman gegenüber der ZDF-Mitarbeiterin, meinte aber auch: »Ich will gar nicht so viel sprechen heute. Je mehr ich rede, desto nervöser werde ich.« Der Großteil der 60-minütigen Sendung bestand aus Mitschnitten des schon heute legendären Konzerts. Zwischendrin wurde über Davids Karriere erzählt, gespickt mit Anekdoten.
Nur einen Tag später strahlte die ARD eine knapp halbstündige Dokumentation über David unter dem Motto »Höchstpersönlich« aus. Die Porträtreihe wurde von der Autorin Silvia Palmigiano kommentiert. Sie begleitete den damals 29-Jährigen auf Tourneen durch die USA und Deutschland und entdeckte dabei den Familienmenschen hinter der Künstlerfassade. Der Zuschauer durfte feststellen: Auch ein Genie wie David wird mal krank. Und kochen kann er bislang auch nicht. Zu Wort kam David mit launigen Sätzen wie: »Ich bin selbst mein schlimmster Kritiker. Und ich kann mich an keinen Zeitpunkt erinnern, an dem ich nicht Geige gespielt hätte. Also muss ich schon sehr lange Geige spielen …«
Zu Wort kamen gleichfalls sein Bruder Alexander, ein erfolgreicher Anwalt in New York, und die elf Jahre jüngere Schwester Elena. Beide Geschwister haben ein prima Verhältnis zu ihrem Superstar-Bruder, so schien es in der Sendung.
Währenddessen hatte David bereits seine nächste CD eingespielt, die am 20. Juli 2010 in den USA auf den Markt kam, An-

fang Oktober in Europa. Sie trug ihren Titel nicht zu Unrecht: »Rock Symphonies«. Tatsächlich ist es das Album, das bisher am meisten Garretts Crossover-Gedanken zum Ausdruck bringt und am meisten mit Rockelementen spielt.

Darauf zu hören sind elf Titel, etwa der Klassiker der Grunge-Heroen von Nirvana, »Smells Like Teen Spirit«, in einer äußerst aufregenden Version. Ebenso aufregend klingen »Kashmir« von Led Zeppelin oder »Walk This Way« von Aerosmith. Der Höhepunkt allerdings dürfte das Stück »Vivaldi Vs. Vertigo« sein, in dem Garrett am bislang eindrucksvollsten sein Crossover-Konzept deutlich macht. Dabei trifft eine Reminiszenz an den Klassiker Antonio Vivaldi auf das Lied »Vertigo« der Iren-Rocker U2.

Aufgenommen wurde »Rock Symphonies« einmal mehr in den »Electric Lady Studios« von New York City. Die Orchesteraufnahmen wurden allerdings in Prag mit dem dort ansässigen Symphonieorchester eingespielt. »Rock Symphonies« erschien überraschenderweise nicht via »Decca« und DEAG, sondern bei Garretts früherer Plattenfirma »Deutsche Grammophon«. Nach vier Alben war David wieder an die »alte Wirkungsstätte« zurückgekehrt, wobei die DEAG weiterhin seine Konzertveranstaltungen wie überhaupt sein Management unter ihren Fittichen hat.

»Ich habe es seit jeher geliebt, wenn Rockbands Orchester in ihren Sound integriert haben«, erklärte David den Anspruch seines momentan aktuellen Projekts. »Das bringt Musik, wenn sie inspiriert gemacht ist, auf ein neues, besseres Level. Genau auf dieses Level wollte ich mit ›Rock Symphonies‹. Die Produktion war jedenfalls eine wunderbare Erfahrung für mich!«

Mit der Veröffentlichung dieses Meisterwerks war David endgültig an dem Punkt angelangt, an den er ganz offensichtlich immer gelangen wollte – kommerziell, künstlerisch und vom Coolness-Faktor her. Er war in etlichen Ländern der bestverkaufte Klassikkünstler. Er stand mehr oder weniger alleine für das Projekt »Crossover aus Klassik und Rock« in der Öffentlichkeit. Und er war nichts weniger als die Lässigkeit in Person, gepaart mit einem unglaublichen Talent.

Aufgezeichnet

DAVIDS ERSTE LIVE-DVD

Neben der Veröffentlichung seiner die Charts stürmenden Erfolgsalben »Virtuoso« und »Encore« bewältigte David Garrett ein enormes Tourneeprogramm, speziell in Deutschland. Schließlich war der Stargeiger live gefragt wie kein anderer Klassikinterpret, und das aus einem schlichten Grund: David war und ist auf der Bühne phänomenal. Kein Wunder also, wenn das Publikum ihn live sehen will und stets für ausverkaufte Konzerte sorgt.

Für alle Fans, die das Glück hatten, ihn auf seiner Tour zu erleben, und für alle Bewunderer, die das bislang nicht schafften, sich dieses Erlebnis aber nicht entgehen lassen wollten, brachte David am 9. Oktober 2009 bei DEAG Music die DVD »David Garrett Live – In Concert & In Private« heraus.

Die äußere Verpackung des Silberlings zeigt einen sympathisch und bescheiden lächelnden David, der gerade seinen wohlverdienten Applaus entgegennimmt. Im aufklappbaren Innenteil sind das Orchester und der Violinist abgebildet – David mit seinem Instrument, lächelnd, konzentriert, wie man das von ihm gewohnt ist. Auf der Cover-Rückseite fin-

det man zur schnellen Orientierung sämtliche Titel, die zu sehen und zu hören sind, und einen Hinweis auf den Bonusteil »David – In Private«, was natürlich neugierig auf den Inhalt dieser Dokumentation macht.
Doch zuvor sollte man das Booklet studieren. Darin schreibt der Meisterviolinist selbst, dass diese Tournee durch Deutschland gemeinsam mit einer Band und einem großen Orchester die »Erfüllung eines Traums« sei. Noch einmal betont er in seiner DVD-Einführung, wie viel ihm daran liegt, die Klassik an ein neues Publikum heranzuführen und für jeden zugänglich zu machen. Auch das ist einer seiner Träume.
David erklärt weiter, dass er extra für die Tour einige Stücke seiner Alben »Encore« und »Virtuoso« neu arrangiert hat; zusätzlich präsentiert er noch nicht auf CD gebannte Lieder wie »Smile«, »A Whole New World« oder »Volare«.
Dann werden alle 26 Stücke vollständig mit Titel, Zeitangaben, Komponisten und Musikverlagsangaben aufgelistet. Das sollte lobend erwähnt werden, denn in etlichen Booklets anderer Musik-DVDs existieren solche Angaben gar nicht oder nur unvollständig, so dass der Zuschauer oft ratlos vor dem Fernseher oder Computer sitzt und nicht recht weiß, was er da genau sieht.
Auf den ersten Seiten des Booklets ist David in Aktion abgebildet, einmal tief in die Musik versunken und einmal während eines bewegten Stücks, bei dem man ihm die Konzentration und Energie ansieht, die er in sein Spiel steckt.
Im Mittelteil des Heftes ist die im Nebel fast verschwindende Bühne zu sehen, dann folgt eine Danksagung Davids u.a. an den ausführenden Produzenten der DVD, André Selleneit, seinen Manager Rick Blaskey, die Mitarbeiter der DEAG, den Orchester-Arrangeur und Dirigenten Frank van der Heijden sowie die Orchestermusiker selbst für »ihren Enthusiasmus,

dieses ganze verrückte Zeug jede Nacht mit so viel Leidenschaft zu spielen«. Und er fügt hinzu: »Ihr rockt wirklich!« Davids Dank an alle, die die Tour und diese DVD ermöglichten, wirkt weder aufgesetzt noch wie eine routinierte Pflichterfüllung, sondern herzlich und ehrlich.

Auf diesen Booklet-Seiten ist ein Klavier samt Notenvorlage über den Tasten abgebildet, das als stellvertretendes Symbol für Davids musikalische Mitstreiter verstanden werden könnte. Dagegen ist der Musiker selbst auf der Rückseite der DVD-Beilage noch einmal in Spielaktion zu bewundern, eingehüllt in blaues Scheinwerferlicht. Darunter sind die Informationen zu Produzenten, Management, Fotografen und Artwork aufgeführt, was sogar den wissensdurstigsten Fan zufriedenstellen dürfte.

Über das Hauptmenü gelangt man zum eigentlichen DVD-Inhalt. Dort hat man die Wahl, das gesamte Konzert am Stück oder einzelne Tracks oder erst einmal die Dokumentation über David mit dem Titel »In Private« anzuschauen. Bei den technischen Einstellungen besteht die Auswahlmöglichkeit zwischen Dolby-Digital- oder Dolby-Digital-Surround-Ton. Eine Besonderheit im Menü ist der Weiße-Violinen-Modus. Entscheidet man sich dafür, erscheint auf dem Bildschirm eine weiße Geige. Und die liefert, wenn man sie ansteuert bzw. anklickt, zum ablaufenden Konzert weitere Informationen mit Davids Stimme.

Das 1 Stunde und 43 Minuten lange Konzert, das im Rahmen von Garretts »Encore«-Tour im Januar 2009 im Berliner Tempodrom aufgezeichnet wurde, bietet ein berauschendes Erlebnis. Es beginnt mit einem dramatischen Einstieg des Orchesters Neue Philharmonie Frankfurt, das zusammen mit Davids Band auf der Bühne steht. Die Violinen sorgen mit tiefen Tönen für eine ernste, schwere Atmosphäre. Im Hintergrund ist der Schattenriss Davids zu sehen, auf einer riesigen Leinwand einige Meter über dem Boden, die zu jedem Song passende Farbenspiele bietet. Man kann erkennen, dass er einen kurzkrempigen Hut trägt und langsam die Geige ansetzt. In diesem Moment perlt das Piano rhythmisch drauflos – und ein paar Takte später stürmt David aus dem Zuschauerraum durch die Reihen und intoniert das fröhlich-bewegte »He's A Pirate«, die Hauptmelodie des Films »Fluch der Karibik«.

Der Stargeiger spielt sauber und voller Energie, obwohl der Weg zur Bühne über eine Treppe führt. Er trägt Jeans, Turnschuhe, ein braunes T-Shirt und seinen geliebten Hut auf dem Kopf, zeigt sich mit Dreitagebart und zum Zopf gebundenen Haaren.

David ist gut gelaunt und geht lächelnd unter dem Beifall der Zuschauer, die er sofort auf seiner Seite hat, durch die Reihen nach vorn zu Band und Orchester. Kurz davor setzt er sich, weiter spielend, zu einer jungen hübschen Dame, flirtet kurz mit ihr und springt danach erst auf die Bühne. Dort setzen David, das Orchester und seine Band zum fulminanten Höhepunkt des »Piraten«-Songs an und führen ihn in einen donnernden Applaus.

Mitten hinein ruft David in ein Mikrophon »Schönen guten Abend, Berlin!«, und das ausverkaufte Tempodrom tobt weiter. Er spricht davon, wie sehr er sich freut, auf Tour zu sein und sein neu zusammengestelltes Programm präsentieren zu dürfen. Dann kündigt er den nächsten Song an, eine bewegende, ebenso dramatische wie anrührende Bearbeitung von »Who Wants To Live Forever« der Rocklegende Queen, die Davids Violine in die höchsten Tonlagen führt.

Nach dem Applaus und einigen Schwenks in die verzauberten Gesichter des Publikums erläutert der Musiker, wie es

zum nächsten Stück kam, der »Carmen Fantasie«, op. 25 vom »Virtuoso«-Album. Inspiriert hat ihn Georges Bizets gleichnamige Oper, deren schönste Melodien er in dieser Fantasie verarbeitet und mit einem auffälligen Flamenco-Mantel umgeben hat. An der Gitarre begleitet ihn sein langjähriger Weggefährte, der Italiener Giorgio Serci, den David extra vorstellt. Dann fliegt der Bogen zum Klang der durch Klatschen imitierten Kastagnetten über die Saiten, während der Geiger locker von einem Ende der Bühne zum anderen schreitet, wie das zwar bei Popstars, aber nicht bei Klassikkonzerten üblich ist. Manchmal schließt Garrett die Augen, denn die schnellen Tonläufe erfordern höchste Konzentration. Jubel, Beifall und begeisterte Pfiffe sind der Lohn.
Dann kündigt David »Air« von Johann Sebastian Bach an. Dazu erscheint plötzlich die weiße Geige auf dem Bildschirm, hinter der sich ein Interview-Ausschnitt mit David verbirgt, der erzählt, was Bach für ihn bedeutet. Danach geht es mit dem versprochenen Stück weiter, begleitet vom Orchester und von der Band, die, sehr ungewöhnlich, dem Ganzen durch sanfte Drums einen außergewöhnlichen, kraftvollen neuen Sound-Charakter gibt. Wieder begeisterter Applaus.
In der Einleitung zu Brahms' »Ungarischem Tanz Nr. 5« erinnert sich David an ein Open-Air-Festival in der Nähe Londons, bei dem es in Strömen regnete. Eine besorgte ältere Dame kam mit einem Regenschirm herbeigeeilt, aber nicht, wie David dachte, um seine Geige vor der Nässe zu schützen – nein, sie wollte verhindern, dass seine Haare nass werden. Das Publikum lacht laut und lauscht dann gespannt, um am Ende des Vortrags tosend zu applaudieren.
David erzählt vor dem nächsten Song von Komikerlegende Charlie Chaplin, den er sehr bewundert. Er spielte wie der

Deutschamerikaner selbst Geige und war auch ein ausgezeichneter Komponist, der für viele seiner Filme eigenhändig die Musik schrieb. Davon kann sich das Publikum selbst überzeugen, als David die melancholische Ballade »Smile« aus dem Film »Moderne Zeiten« bewegend schön intoniert. Wieder fängt die Kamera glänzende und faszinierte Gesichter ein.

Nach dem wohlverdienten Applaus erklärt David das nächste Stück »Zapateado« von Pablo de Sarasate, dessen »Zigeunerweisen« er auf der vorherigen Deutschlandtour« gespielt hatte. Prompt erscheint wieder die weiße Violine, und der Geiger erklärt einige Fachbegriffe wie Pizzicato und Doppelgriffe, die im folgenden Stück zu hören sind. Kurz vorher lässt sich David eine kleine Kamera um den Kopf schnallen, damit das Publikum sozusagen hautnah per Großbildleinwand mitbekommt, was seine Hände mit dem Bogen und den Saiten anstellen. Die Zuschauer sind hingerissen von der Virtuosität Davids, den nur seine Band begleitet, und applaudieren frenetisch und jubelnd.

Dann folgt »Winter Lullaby«, eine ruhige, liebliche Ballade, die der Frauenschwarm in einem kalten Winter in New York selbst geschrieben hat. Sie wird abgelöst von einem echten Wachmacher: Der Violinstar ruft »Let's rock it!«, und die Band legt mit hämmernden Drums und elektrisierender E-Gitarre mitsamt Orchester und Davids Geige los zur schnell galoppierenden »Rock Prelude«.

Genauso stürmisch wie das Stück ist der Applaus, in den hinein David den folgenden Song ankündigt. Er berichtet darüber, dass ihn seine Freunde immer wieder dazu aufforderten, auf Pop- und Rockstücke zu improvisieren. Das hat er auch bei Michael Jacksons Hit »Smooth Criminal« versucht, was er sogleich dem Publikum präsentiert, während er auf einem

Podest drei Meter über dem Hallenboden steht. Die Leute toben, sind völlig hingerissen und wollen mehr von David hören.

Und der legt mit einem Soulklassiker aus den 1970er Jahren nach: dem ruhig dahinschreitenden »Ain't No Sunshine« von Bill Withers. Übergangslos folgt Antonio Vivaldis »Der Winter« aus den »Vier Jahreszeiten«, wobei die gesamte Bühne stimmig in kaltes, blaues Licht getaucht wird. Mit lang anhaltendem Applaus bedankt sich das Publikum.

Bevor dann der »Csárdás«-Zigeunertanz von Vittorio Monti folgt, erscheint wieder die weiße Geige auf dem Bildschirm. David führt aus, dass er sich zwar auf der Bühne bewegt, dies aber nicht sein Spiel behindern dürfe. Den Beweis tritt er beim Zigeunertanz an; dabei geht er durch die Reihen und setzt sich im ruhigen Mittelteil gemütlich auf eine Treppe. Das Publikum ist hingerissen.

Nach dem Applaus stellt David seine Band vor: den schon erwähnten Giorgio Serci an der Gitarre, John Haywood am Piano, Ben Bryant an den Drums, am Bass Tom Mason. Dann folgen das Orchester Neue Philharmonie Frankfurt und ihr dirigierender Chef Frank van der Heijden.

Nahtlos schließt David eine Anekdote von seiner ersten, viel zu kleinen und im Sommer zu heißen Wohnung in New York an, wo er wegen der herrschenden tropischen Temperaturen den Kopf in den Kühlschrank stecken musste. Eine wunderbare Überleitung zur gefühlvollen Interpretation des Klassikers »Summertime« aus dem Musical »Porgy & Bess« von George Gershwin.

Diesem träumerisch-melancholischen Song folgt das heftige »Duelling Banjos«; dazu holt David einen Jungen namens Max auf die Bühne, der ihn auf der E-Gitarre begleitet. Das Publikum klatscht und tobt vor Begeisterung, genau wie beim

nächsten Stück, »Zorba's Dance« aus dem Film »Alexis Sorbas«.
Ruhiger geht es danach zu bei einem Song, den David für seine ehemalige Freundin Chelsea Dunn geschrieben hat und der dementsprechend »Chelsea Girl« betitelt ist.
Im Anschluss wird es wieder bewegter mit dem geradezu tanzenden dritten Satz von Bachs zweitem Violinkonzert in E-Dur. Dazu verrät die weiße Geige Davids Gedanken über die Möglichkeiten, seine Geige romantisch, aber nicht zu süßlich klingen zu lassen; dazu gibt es eine Kostprobe auf der Violine.
Als Bach verklungen ist, schiebt sich erneut die wissende Violine ins Bild. Diesmal äußert sich David dazu, dass er auch aus einfachen Liedern Qualität herausholen möchte, Liedern wie dem italienischen Gassenhauer »Volare«, das als nächster Song regelrecht swingend daherkommt und eifrig beklatscht wird.
Der Wahl-New-Yorker wagt daraufhin erneut eine Abzweigung in seinem musikalischen Kurs und dreht in Richtung Rockballade. Er präsentiert mit vollem Einsatz von Orchester und Band seine kraftvolle, aber dennoch ruhige und melancholische Version von »Nothing Else Matters« der Heavy-Metall-Überflieger Metallica.
Es folgt ein totaler Stimmungswechsel, als David im Anschluss zeigt, wie sehr ihm der musikalische Nachwuchs am Herzen liegt. Der Violinist kündigt für Paganinis »Carnevale di Venezia« (in der deutschen Bearbeitung »Mein Hut, der hat drei Ecken«) einen Jungen und ein Mädchen aus Berlin an, mit denen er aber noch kurz üben möchte, weil er sie gerade erst kennengelernt hat. Die beiden heißen Olli und Kim und spielen auf akustischen Gitarren den Rhythmus, während David sich hinkniet und die Saiten klingen lässt. Dann ertönt das Ganze noch einmal mit Orchesterunterstützung. Das Pu-

blikum ist entzückt von den jungen wie den etwas älteren Künstlern.
Danach spricht David davon, dass er bald eine neue Klassik-CD herausbringen will – gemeint war »Classic Romance«, die noch aufgenommen werden müsste. Er habe bloß keine Zeit, dafür zu üben. Aber warum sollte er das nicht auf der Bühne machen? Sofort erscheint wieder die weiße Geige, und David erklärt den Unterschied zwischen dem Proben und Spielen mit Orchester oder Band und dem Üben im stillen Kämmerchen.
Gleich darauf geht es im Konzert weiter mit der verträumt tänzelnden »Humoreske« von Antonín Dvořák, Davids »Übung« vom angekündigten Album. Im Anschluss heißt es jedoch wieder: Raus aus den Träumen, denn der Geiger geht samt Orchester und Band noch einmal mit Vivaldis »Der Sommer« aus den »Vier Jahreszeiten« in die Vollen, genau wie das Publikum, das dem bombastischen Sound-Teppich mit ebensolchem Applaus antwortet.
Das ist nicht anders, als David zu seinem Paradestück, dem »Hummelflug« von Rimski-Korsakow, ansetzt, das er als krachenden Rock mit E-Gitarren-Begleitung präsentiert.
Die Leute im Saal klatschen, trampeln, schreien und liegen David und seinen musikalischen Mitstreitern endgültig zu Füßen, so begeistert sind sie.
Zum Schluss spielt der Saitenderwisch noch das gefühlvoll intonierte »A Whole New World« aus dem Disney-Film »Aladdin«, einem Kindheitsfavoriten, wie David in der Ankündigung erzählt. Das sollte eigentlich das Ende dieses stimmungsvollen und abwechslungsreichen Abends sein.
Doch am Schluss will der Applaus nicht enden, genauso wenig wie die stehenden Ovationen. David und die Bandmitglieder verbeugen sich immer wieder vor ihrem Publikum, dabei läuft

bereits der DVD-Abspann. Schließlich sieht man David noch einmal ans Mikrophon schreiten. Er fragt wie nebenbei in den Jubel: »Wollt ihr noch was?« Und natürlich wollen sie. Der Geiger überlegt laut, weil er nicht auf eine weitere Zugabe vorbereitet ist, und spielt solo schließlich die »Sarabande« aus der Partita I h-Moll von Johann Sebastian Bach, ein nicht gerade einfaches Stück, rührend schön, virtuos und meisterlich interpretiert. Danach lächelt David glücklich und beendet mit einem »Vielen, vielen Dank« den Abend. Die Zuschauer rufen und pfeifen, begeistert von diesem Virtuosen. Der Applaus hält lange an. Schließlich ist das Konzert vorbei.

Allerdings können sich die Zuschauer zu Hause weiter mit David beschäftigen – dank der 50-minütigen Dokumentation über den sympathischen Geiger. Dieses Bonusmaterial ist in mehrere Abschnitte gegliedert, die alle extra angesteuert werden können. Man hat aber auch die Möglichkeit, die gesamte Dokumentation in einem Stück anzusehen.

Im ersten Teil, der als »Backstage« bezeichnet wird, gewährt David Einblicke in seinen Tourneealltag. Er spricht über das Publikum im Tempodrom, über die Schwierigkeit, mit der Geige herumzulaufen, eine lange Treppe herunterzukommen und sich zu bewegen, während er spielt. Dann sinniert er über die Ausarbeitung eines Konzertprogramms, eines schlüssigen Konzepts, das vom Publikum akzeptiert wird. Überhaupt das Publikum: David hat sich sehr gefreut, eine bunte Mischung aus Alt und Jung im Zuschauerraum zu sehen, dem er nicht nur die von den CDs bekannten, sondern auch klassische Stücke vorstellen möchte.

Er kommt dann im zweiten Teil der Dokumentation, der »David – A Close Up« betitelt ist, auf sein zentrales Thema: dass er der klassischen Musik einen attraktiveren Rahmen geben möchte, der auch ein junges Publikum anzieht.

Seine Aussagen werden immer wieder von Filmsequenzen unterbrochen, die ihn beim Proben, beim Entgegennehmen von Goldenen Schallplatten, ja sogar beim Zähneputzen in seiner damaligen New Yorker Wohnung zeigen, alles untermalt von Davids Geigenklängen.
Doch schnell geht es weiter mit den Rockfavoriten des Saitenmeisters wie Jimi Hendrix und Led Zeppelin, die er mit der Klassik in Verbindung bringt. Er spricht darüber hinaus über sein Interesse an so ziemlich allen Musikrichtungen, die er vor allem über das Radio mitbekommt.
David berichtet daraufhin, begleitet von entsprechenden Filmaufnahmen, über sein Hotelleben und über die Einsamkeit, die ihn manchmal befällt, wenn er während der Tour allein auf seinem Zimmer ist.
Die wird jedoch schnell durch die Musik verdrängt, seine ständige Begleiterin. Tag und Nacht sei sie in ihm, erklärt David auf der DVD. Und damit sie aus ihm rauskommt, müsse er diszipliniert jeden Tag stundenlang üben, und das kontinuierlich das ganze Jahr hindurch, um so erstklassig zu bleiben, wie er ist.
Damit kommt er im dritten Teil der Dokumentation, »Juilliard School/New York« benannt, auf die Anfänge seiner Karriere zu sprechen, den Ehrgeiz seiner Eltern, die wichtigste Entscheidung seines Lebens, so David, sich gegen ihren Willen auf der Juilliard in New York anzumelden und dort zu studieren.
Wieder folgen Bilder aus dem »Big Apple«. Und dann ist David vor und in seiner alten Schule zu sehen, wie er Anekdoten erzählt und etwas über seinen Werdegang in der berühmten Institution offenbart. Für ihn, so resümiert er, war es so etwas wie seine musikalische Geburtsstunde, nach New York in diese Institution zu gehen.

Nach der Schule folgt »The Violins«, der vierte Teil auf diesem Zug durch Davids Leben. Hier lernen wir seine musikalischen Lehrer kennen, die er bewundert und die ihm die Individualität und Virtuosität auf der Geige beigebracht haben. Das Thema wechselt abrupt, als eine Filmsequenz David in seiner Wohnung in New York zeigt, wo er Lobeshymnen auf das kulturelle Angebot in seiner Wahlheimat verteilt.
Daraufhin springt das Porträt zu »Gold Award«, dem letzten Abschnitt der Garrett-Dokumentation, das die Verleihung zweier Goldener Schallplatten für »Virtuoso« und »Encore« zeigt. Abschließend blickt David zurück auf seine Idee, Klassik den Menschen zugänglicher zu machen – und auf seinen Erfolg, den er sich selbst so, wie er ihn erlebt, niemals vorgestellt hat.
Dieses – manchmal etwas sprunghaft zurechtgeschnittene – Zusatzmaterial macht die ohnehin schon sehr gelungene Konzert-DVD zu einem echten Leckerbissen für David-Garrett-Fans. Und die griffen zu: Sie verschafften ihrem Favoriten an der Geige Platz 37 in den deutschen Charts und durch über 100 000 allein in Deutschland verkaufte DVDs eine weitere Goldene Schallplatte – damit zur gleichen Zeit eine weitere Trophäe und Auszeichnung, von denen David in seiner bisherigen Karriere nicht wenige entgegengenommen hat …

Ausgezeichnet

DAVID GARRETT UND SEINE PREISE

Obwohl David Garrett im Sommer 2010 noch keine 30 Jahre alt ist, hat er in den letzten Jahren knapp hintereinander etliche wichtige Auszeichnungen verliehen bekommen. Es war am 7. März 2008, als der Stargeiger erstmalig mit einem Preis geehrt wurde, der zwar undotiert ist, aber in der Kulturbranche enormes Ansehen genießt: der »Radio Regenbogen Award«.

Diese Auszeichnung wird seit 1998 jährlich vergeben, sie trägt inzwischen sogar den offiziellen Titel »Medienpreis aus Baden-Württemberg«. Zu den bisherigen Trägern der Preise des in Mannheim ansässigen Privatradiosenders gehören so unterschiedliche Persönlichkeiten wie Altbundeskanzler Helmut Kohl, der frühere sowjetische Staatschef Michael Gorbatschow, die Teeny-Ikonen von Tokio Hotel oder Moderator Günther Jauch.

»Karlsruhe ist zu einer festen Größe für uns geworden. So schnell bekommen sie uns hier nicht wieder weg«, begrüßte ein launiger Radio-Regenbogen-Chef Klaus Schunk rund 1800 Zuschauer am 7. März 2008 in der ausverkauften Karlsruher Schwarzwaldhalle zur Verleihung der Awards seines

Kanals. In der Tradition der legendären »Bambi«-Verleihung, die in den 1950er und 1960er Jahren in der Fächerstadt für Glamour sorgte, ehrte der Sender insgesamt 14 Preisträger aus dem Showbusiness. Das wollte sich die Prominenz aus Politik, Wirtschaft und Sport nicht entgehen lassen, während der bayerische Sternekoch Alfons Schuhbeck für die kulinarische Ausstattung des Abends sorgte. David, einer der 14 Preisträger und derjenige, der im Bereich »Classic« geehrt wurde, sorgte für einen der musikalischen Höhepunkte der langen Nacht, indem er »Nothing Else Matters« von Metallica zum Besten gab. Daran hatten Baden-Württembergs damaliger Innenminister Heribert Rech samt Tochter jede Menge Spaß, wie sie später in Interviews fröhlich verlauten ließen.

Nur einige Monate später, am 19. Oktober 2008, war David Garrett zu Gast bei der »ECHO Klassik«-Verleihung in der Münchner Philharmonie. Dort bekam er einen Preis in der Kategorie »Klassik ohne Grenzen« überreicht. David wurde für sein damals aktuelles Album »Virtuoso« ausgezeichnet. Der »ECHO Klassik« ist der bedeutendste deutsche Preis für Künstler und Produktionen aus dem Bereich der klassischen Musik. Die prunkvolle Gala am 19. Oktober 2008 stellte eindrucksvoll unter Beweis, dass klassische Musik im buchstäblichen Sinne »populär« geworden ist. Schon der Beginn der Veranstaltung mit David gab einen Geschmack davon, wie klassische Musik sich heutzutage neue Welten und ein neues Publikum erobert. Garrett spielte unter anderem »Thunderstruck« von AC/DC, widmete andererseits seinen »ECHO« den für ihn bedeutenden Komponisten wie Bach und Beethoven und meinte in seiner Dankesrede bescheiden: »Es sollte nicht nur um die Interpreten gehen, sondern vor allem um die Musik.«

Auch andere Klassikstars hinterließen an jenem legendären Abend einen blendenden Eindruck beim Publikum: Die italienische Mezzosopranistin Cecilia Bartoli bezauberte als frischprämierte »Sängerin des Jahres« das Publikum mit einer Hommage an Maria Malibran, französische Operndiva des 19. Jahrhunderts und erste Operndiva überhaupt, der Bartoli ihre damals aktuelle CD gewidmet hatte. Die temperamentvolle Römerin erhielt an jenem Abend bereits zum achten Mal einen »ECHO«.

Bewegend war die Rede des spanischen Tenors José Carreras, der den »ECHO« für sein Lebenswerk erhielt. Der Sänger dankte dem Publikum für seine Treue und Unterstützung in allen Lebensphasen, auch den schweren. Carreras hatte nach einer überstandenen Leukämie-Erkrankung eine Stiftung gegründet, die den Kampf gegen Leukämie unterstützt, zahlreiche Benefizgalas initiiert und viele Kliniken mit Spenden bedacht. »Alles oder nichts« sei sein Motto, bekannte er.

David Garrett gab dem Magazin »Virtuos« für die Septemberausgabe 2008 ein erhellendes Interview. Auf die Frage, ob sein Sieg beim »ECHO Klassik 2008« ein Signal für die klassische Musik ganz allgemein bedeute, antwortete er: »Ein Grund für diese Auszeichnung ist, dass ich mich für die Klassik sehr einsetze. Natürlich hat es auch eine Bedeutung, dass unser aktuelles Crossover-Projekt mit einbezogen worden ist. Aber ich glaube, wenn ich nur Crossover machen würde, hätte man sich nicht so entschieden.«

Zwischen einem typischen Klassikkonzert von heute und einem in 20 oder 30 Jahren sieht David laut »Virtuos« keinen großen Unterschied: »Ich glaube nicht, dass sich so viel ändern wird«, meinte er. »Es ist auch nie meine Message gewesen, dass die Klassik aus der Tradition herausgenommen werden sollte. Wenn ich ins Konzert gehe und ein Mädchen aus-

führen will, dann möchte ich doch diesen Spirit haben. Ich stehe aber immer noch gerade dafür, dass man andere Wege als Künstler gehen muss, um Leute auf die Musik aufmerksam zu machen.«
Und Garrett ließ in jenem Gespräch durchblicken, dass er sich durchaus für eine Art moderner Ikone hält, als er behauptete: »Ikonen braucht jede Musikrichtung. Das war schon immer so – nehmen Sie Paganini, nehmen Sie Liszt. Ikonen müssen Können beweisen. Und Leidenschaft auf der Bühne vermitteln. Die Leute müssen merken: Der ist in seinem Element. Entertainment-betonte Auftritte bauen eine Brücke.«
Diese Brücke trägt David weiter, als er sich selbst je erträumt hatte. Die Leute kommen tatsächlich zu seinen Konzerten, füllen große Säle und erwarten nicht nur »Klassik-Hits« von ihm, sondern auch sehr anspruchsvolle Stücke. Er liebt sein »tolles Publikum«, erzählte er, weil es ruhig und sehr konzentriert ist.
Allerdings hat er auch gegen kreischende Mädchen im Publikum nichts einzuwenden – »sofern sie erst dann kreischen, wenn ein Stück zu Ende ist«, meinte er schmunzelnd. Er habe von Fünfjährigen bis zum normalen Klassik-Abo-Programm alles an Publikum auf der Liste. Für ihn eine wunderbare Mischung: »Musik soll Menschen zusammenbringen.«
Bereits am 28. Mai 2008 hatte David einen Rekord aufgestellt, der ihm am 20. Dezember desselben Jahres einen ganz besonderen Preis einbrachte: Bei einem Auftritt in der britischen Sendung »Blue Peter« spielte er die legendäre Minikomposition »Hummelflug« des russischen Komponisten Rimski-Korsakow fehlerlos und erkennbar in 66,56 Sekunden. Das sind 13 Noten pro Sekunde. Für diese Leistung wurde er ins berühmte »Guinnessbuch der Rekorde« aufgenommen. Sei-

nen eigenen Rekord unterbot Garrett an eben jenem 20. Dezember 2008 bei der »Guinness-World-Records-Show« um 1,3 Sekunden mit einer Zeit von 65,26 Sekunden.
David selbst sah diese Leistung entspannt, wie er faz.net verriet: »Das war eine Kindersendung der englischen BBC, für die ich das gemacht habe«, erzählte er. »Dabei wurde Fünf- bis Siebenjährigen das Instrument Geige vorgestellt. Die Idee mit dem Schnellspielen kam von den Kids. Aber ich sträube mich natürlich nicht dagegen, wenn jemand, der von klassischer Musik nicht viel Ahnung hat, jetzt sagt, wow, das ist aber schnell. Ist es ja auch.«
Am 13. November 2008 ging es munter weiter mit Preisen für den Stargeiger. Dieses Mal allerdings kam die Auszeichnung aus einer eher unerwarteten Ecke: Das Monatsmagazin »GQ« verlieh an jenem Tag wie jedes Jahr Auszeichnungen für die »Männer des Jahres«. Dazu zählten die Kategorien Film, Mode, Sport und zum ersten Mal auch Design, Model sowie Comeback des Jahres. Zudem gab es eine Auszeichnung für das Lebenswerk eines Prominenten.
Über die Preise konnte erstmalig alleine die Redaktion des Blatts entscheiden. Zu den insgesamt 93 Nominierten zählten nach Angaben von »GQ« der künftige US-Präsident Barack Obama und James-Bond-Darsteller Daniel Craig. Die Vergabe der Preise fand in der Alten Kongresshalle in München statt; ausgezeichnet wurden die Schauspieler Joseph Fiennes und Moritz Bleibtreu, Fußballidol Oliver Kahn und der frühere Außenminister Hans-Dietrich Genscher. Dieser erhielt den Preis für sein Lebenswerk. David wurde zum »Musiker des Jahres« gekürt.
Die Award-Auszeichnung, bei der sich Garrett im Anschluss einfand, war für ihn eher eine Spaßveranstaltung. Am 20. November 2008 besuchte der populäre Violinist das Berliner »E-

Werk« im derzeit kultigen Stadtteil Mitte, in dem an jenem Abend die »Game Awards« des Musikfernsehsenders MTV vergeben wurden. Dahinter verbergen sich Prämien für Videospiele, die Nominierungen werden von einer Jury erstellt – bestehend aus Spielejournalisten und professionellen Videospielern. Die Gewinner werden durch eine Onlinewahl festgelegt. Am 20.11.2008 gingen die »MTV Game Awards« erstmalig über die Bühne. David war neben den Rappern Curse und B-Tight, der Silbermond-Sängerin Stefanie Kloß, dem TV-Comedian Elton und einigen anderen als Laudator eingeladen. Er nahm diese Aufgabe gerne an.
Dem Internetportal zeit-online.de bestätigte er kurz danach: »Ich habe keine Berührungsängste, wenn ich an Orte wie zu den ›MTV Game Awards‹ gehe, die für Klassikmusiker eher ungewöhnlich sind. Ich habe an jenem Abend das ›Super-Mario-Thema‹ auf der Geige gespielt, das war witzig. Ich wurde von einem Beat-Boxer begleitet, meine Idee. Es war ein Spaß für die Kids, die MTV anschauen. Da kann man doch keine Berührungsängste haben. Wenn jemand die Sendung sieht und dadurch anfängt, sich für die Geige zu interessieren, ist das doch phantastisch, oder?«
Bei der nächsten Preisverleihung, die David besuchte, standen wieder er selbst und seine Arbeit im Mittelpunkt des Geschehens. Zunächst hatte er am 14. Januar 2009 ein ganz normales – und wie beinahe immer ausverkauftes – Konzert im Berliner Tempodrom gegeben. Im Anschluss daran wurden ihm Goldene Schallplatten für die Alben »Virtuoso« und »Encore« verliehen. Solche Auszeichnungen bekommt man in Deutschland, wenn man mehr als 100 000 Kopien von einer Platte verkauft hat. Bei klassischen Werken sind solche enormen Verkaufszahlen äußerst ungewöhnlich, entsprechend stolz war David auf diese Preise.

Weiter ging es mit spektakulären Preisen am 2. Mai 2009: Zur Eröffnung des Braunschweiger »Classix«-Festivals spielte David zusammen mit dem Prager Kammerorchester in der seit Monaten ausverkauften Stadthalle. Nach dem Auftritt bekam Garrett den Goldenen Geigenbogen verliehen, den begehrten Preis der Veranstaltung für bemerkenswerte Leistungen. Der Intendant des Festivals, Hans-Christian Wille, schwärmte in seiner Laudatio von dem sympathischen Violinisten und stellte fest, dass dessen Konzerte in Braunschweig am 3. und 28. Mai sowie am 27. September des Jahres längst ausverkauft seien. »Ohne den Weltklasse-Geiger wäre dieser Erfolg für unsere Stadt nicht möglich gewesen«, sagte Wille gerührt.

Nur zwei Tage nach der Überreichung des Goldenen Geigenbogens wurde Garrett eine ganz besondere Ehre zuteil: Die deutsche Bundeskanzlerin Angela Merkel hatte David höchstpersönlich zu einer Festveranstaltung am Vormittag im Deutschen Theater in Berlin vor 500 Gästen eingeladen. »Mir fehlen ein bisschen die Worte«, meinte Garrett zu Medienvertretern, ehe er die Bühne des Theaters betrat. »Es ist eine riesige Ehre, dass die Bundeskanzlerin von mir gehört hat und meine Musik mag. Ich hoffe, ich spiele besonders schön.«

»60 Jahre Bundesrepublik Deutschland und 20 Jahre Mauerfall« lautete das Motto der Veranstaltung. Im Publikum saßen unter anderem Bundestagspräsident Norbert Lammert, die Präsidentin des Bundes der Vertriebenen Erika Steinbach, der letzte Ministerpräsident der DDR Lothar de Maizière und Bundesministerin Ursula von der Leyen.

Trotz gehöriger Politprominenz und etwas steifer Atmosphäre gab sich der Stargeiger gewohnt entspannt: »Ich freue mich wahnsinnig, heute bei euch zu sein«, begrüßte er in lockerem Tonfall die honorigen Gäste. Die Musik des Soundtrack-

Komponisten Hans Zimmer zum Kinofilm »Fluch der Karibik« kündigte Garrett mit folgendem Hinweis an: »Ich bin sicher, ihr kennt das alle.« Die Reaktionen aus den in leuchtendem Rot bezogenen Sitzreihen: hier und da dezentes Erstarren, ansonsten amüsiertes Schmunzeln. Neben diesem Stück spielte David noch ein Bach-Arrangement und natürlich den unvermeidlichen »Hummelflug«. »Es ist bekannt, dass Angela Merkel klassische Musik liebt«, bestätigte eine CDU-Sprecherin den Medien. »Daher hat sie sich auf diese besondere, junge Art der Interpretation gefreut.«
Nach etlichen Reden stellte sich Garrett zum Abschluss der Veranstaltung nochmals auf die Bühne und klemmte sich eine Geige unters Kinn. »Jetzt kommt ein Lied, das kennt ihr alle«, meinte er strahlend, »eines, das sich besonders gut zum Mitsingen eignet.« Gleich darauf stimmte er die deutsche Nationalhymne an. Das Publikum intonierte begeistert den Text, danach gab es stehende Ovationen für David.
Wiederum nur wenige Tage später – am 12. Mai 2009 – feierte eines der größten Verlagshäuser Europas, die »Bauer Media Group«, ein rundes Jubiläum: Zum zehnten Mal wurde der Preis »Die goldene Feder« verliehen. Alles war bei der glanzvollen Gala rund um den Medienpreis wie gewohnt hochkarätig. Rund 400 Gäste aus Gesellschaft, Medien, Wirtschaft und Showbusiness kamen über den in der traditionellen Verlagsfarbe Blau gehaltenen Teppich in die Räumlichkeiten der Hamburger Handelskammer.
Eingeladen hatten Verleger Heinz Bauer und seine Frau Gudrun, die mit ihren vier erwachsenen Töchtern als starker und erfolgreicher Familienclan auftraten. Ebenso stark und erfolgreich waren die Preisträger jenes Gala-Abends. So wurde etwa der Popsänger Peter Maffay für seine musikalischen Leistungen wie für sein soziales Engagement mit der Golde-

nen Feder ausgezeichnet. Auch der Mediziner, Kabarettist und Buchautor Eckart von Hirschhausen bekam einen der begehrten Preise. Und auch – David Garrett. Der Stargeiger war entspannt wie immer in Begleitung seiner Pianistenkollegin Milana Chernyavska gekommen. Eine seiner kostbaren Geigen hatte er sich völlig unbefangen auf den Rücken geschnallt. Seine »Feder« wurde David übrigens von der vor allem als »Tatort«-Kommissarin bekannten Schauspielerin Andrea Sawatzki überreicht, »für seine herausragenden musikalischen Leistungen«.

Das sollte es mit den Prämien für 2009 gewesen sein – doch die Erfolgsserie riss für David im Folgejahr nicht ab. Zunächst wurde ihm vom »Bundesverband Musikindustrie« mitgeteilt, dass weitere Gold- und dieses Mal auch Platin-Schallplatten auf ihn warteten, die ihm schließlich am 15. Januar 2010 überreicht wurden. Der »Bundesverband Musikindustrie« wurde 1975 als »Bundesverband der Phonographischen Wirtschaft« ins Leben gerufen, ehe er sich 2007 umtaufte. Von ihrer Gründung bis zum Sommer 2010 hat die Institution knapp 6900 Gold- und Platinauszeichnungen für 4247 Werke an Künstler, Komponisten und Musiker verliehen. Aktuell muss man mehr als 100 000 Kopien einer CD verkaufen, wenn man in den Genuss einer goldenen Auszeichnung gelangen will; die doppelte Menge für eine aus Platin. Von einer Musik-DVD muss man mehr als 25 000 Kopien unter die Käuferschaft bringen.

In dieser Hinsicht war 2009 ein Glücksjahr: David bekam für seine älteren Alben »Virtuoso« und »Encore« Platin überreicht, für sein damals aktuelles Werk »Classic Romance« immerhin Gold. Und sogar seine DVD »Live – In Concert & In Private« erhielt vom »Bundesverband Musikindustrie« goldenen Glanz verpasst.

Seine bis dato letzte Prämie nahm David am 30. Januar 2010

in Berlin entgegen: Dort wurde ihm in der Ullstein-Halle der Axel Springer AG anlässlich der 45. Verleihung der Goldenen Kamera vom TV-Magazin »HÖRZU« der Preis in der Kategorie »Beste Musik International« übergeben.
»Sein Erfolg hat den Weg von Amerika über Asien nach Europa bzw. Deutschland genommen. Mit seiner unkonventionellen Art und Darbietung gelingt es David Garrett, auch jüngere Menschen an klassische Musik heranzuführen und dafür zu begeistern«, war die offizielle Presseerklärung von »HÖRZU« über die Verleihung. Die Gala wurde am 30. Januar ab 20.15 Uhr live im ZDF ausgestrahlt, Moderator war der Entertainer Hape Kerkeling. Er präsentierte Garrett als »derzeit erfolgreichsten Klassikstar der Welt«. Mit einem Augenzwinkern meinte Kerkeling, dies werde wohl nicht der letzte Preis sein, den David in der Zukunft zu erwarten hat. Wetten, dass nicht …?!

Angegiftet

KRITIKER, FANS UND FEINDE

David Garrett hat es in den vergangenen Jahren zum Shootingstar der Klassikszene gebracht. Er hat sich mittlerweile rund um den Globus ein treues Publikum erspielt, das ihn bei jedem seiner Konzerte euphorisch feiert. Und selbst die Medienvertreter lassen sich von der Garrett-Begeisterung mitreißen.

Doch immer, wenn sich großer Erfolg und enorme Popularität einstellen, nimmt der frischgebackene Star nicht ausschließlich Lobeshymnen entgegen. Er muss genauso damit fertig werden, dass er scharfer Kritik ausgesetzt ist und sich Neider zu Wort melden. Nicht anders war und ist es bei David. Besonders einige deutsche Musikkritiker sparten nicht mit negativen Reaktionen auf Davids Darbietungen.

Richtig scharf zur Sache ging die »Frankfurter Allgemeine Zeitung«, die Ende November 2008 über ein Konzert des Stargeigers schrieb, dass der Auftritt ein »Spuk« gewesen sei. Die Autorin des Artikels meckerte vor allem über das angeblich einebnende Geigenspiel des Violinvirtuosen: »Garrett schert stilistisch alles über denselben Kamm: Vibrierender edler Stradivari-Ton folgt auf vibrierenden edlen Stradivari-Ton, das alles im vollmundigen Mezzoforte, teilweise eine Nuance zu tief intoniert. Ein schöner Ton ergibt noch keine Phrase, keine Linie, keinen Spannungsbogen, kein Gefühl.« Und das seien ja schließlich »Selbstverständlichkeiten« der Musik, die Davids Begleiterin am Piano, die Ukrainerin Milana Chernyavska, viel besser verinnerlicht hätte. Von ihr hätte Garrett sich das doch abgucken sollen.

Diese Kritikerin hat sich wenigstens die Mühe gemacht, ihren Missmut über das Konzert in Argumente zu kleiden. Einer ihrer Kollegen von den »Kulturnews« feuerte dagegen in einer Rezension über »Virtuoso« auf Davids Comeback-Album aus dem Jahr 2007 eine geradezu verächtliche Breitseite ab, bei der die Hintergründe nur zu erahnen sind. Der Mann behauptete, dass der Violinist aus seiner Stradivari »tonnenweise Schmiere« heraustr äufeln lässt. Dann bezeichnete er den Deutschamerikaner als »Briten« und ging weiter auf ihn los, indem er für Davids Interpretation des »Hummelflugs« von Rimski-Korsakow, das Paradestück des Wahl-New-Yorkers, ein »Insektenspray« forderte. Daraufhin mäkelte er abwertend an den »gefälligen Poparrangements« herum, die David »fiedeln« würde – und stellt ihn auf eine Stufe mit André Rieu. Dann führte er Yehudi Menuhins anerkennende Worte an, der von David als einem der »größten Violinisten seiner Generation« gesprochen hat. Und dazu sagte der Rezensent voller Abscheu und Unverständnis: »Ich glaub's einfach nicht!« Was er aber genau damit meint, das mitzuteilen bleibt der Autor seinen Lesern schuldig. So liest man aus einer solchen Rezension bloß heraus: Der Kritiker mag die Art von Musik nicht, die David spielt. Und das macht die ganze Attacke genau betrachtet reichlich zahnlos.

Nicht ganz so heftig formulierte eine Redakteurin des »Tagesspiegels« ihre negative Reaktion auf das bemerkenswerte

Konzert in der Berliner Wuhlheide Anfang Juni 2010. Die Kritikerin erwies sich als Klassikpuristin, als sie meinte, dass bestimmte Stücke doch nicht neu und modern arrangiert sein dürften: »Dass aber selbst bei Griegs ›Peer Gynt Suite‹ oder Albinonis ›Adagio‹ das Schlagzeug nicht aussetzt, gleicht einem laienhaften Versuch, Klassisches massentauglich zu machen.« Die Tatsache, dass aber auch dies dem Publikum gefiel, führte die Autorin abwertend darauf zurück, dass die Zuhörer ja gerade den »sexiest Violinist alive« vor Augen haben. Sie störte sich ebenso an Davids kleinen Anekdoten, mit denen er auf andere Weise als durch die Musik die Verbindung zum Publikum herstellen möchte. Das sei alles »zu gewollt« und »zu überdeutlich«, sprich: gekünstelt.

Einwenden könnte man dagegen: Merkwürdig nur, dass die 15 000 Zuschauer den vermeintlichen Betrug nicht bemerkten und darauf eingingen. Zum Schluss fasste die Kritikerin zusammen, dass sie von David vor allem mehr populäre Songs hören möchte und nicht so viele Ansagen: »Mehr Pop-Cover! Weniger klassische Arrangements! Weniger Worte!« Immerhin schienen dieser Kritikerin wenigstens die Popinterpretationen gefallen zu haben, die Neugestaltung der klassischen Stücke jedoch nicht.

Doch wie David – auch bei rein klassischen Auftritten – die Werke der großen Meister spielt, passt den Puristen aus der Kritikerszene manchmal überhaupt nicht. Zum Beispiel urteilte die »Halterner Zeitung« Ende November 2008 über ein Konzert von David in der Essener Philharmonie vernichtend: »Er spielte mehr oberflächlich, manchmal sogar geschmacklos.« Die Begründung, warum nach Ansicht des Kritikers Sonaten von Beethoven und Grieg danebengingen, war ebenfalls unerbittlich: »Das lag vor allem daran, dass er offenbar selbst nicht wusste, was er mit Beethovens später Sonate op. 96 an-

fangen sollte. Da wirkte er wie ein Schauspieler, der keine emotionale und inhaltliche Vorstellung von seiner Rolle hat.«
Jedoch gestand der Rezensent David versöhnlich zu, dass sich das Blatt wendete, als der Geiger die springenden »Zigeunerweisen« von Sarasate »plötzlich auf einem anderen Niveau« präsentierte.
Zu einem noch ambivalenteren Ergebnis kam die »Süddeutsche Zeitung«, als einer ihrer Musikkritiker einen Kammermusikabend von David Garrett mit Milana Chernyavska am Klavier im Herkulessaal in München im November 2008 begutachtete. Bemängelt wurde, dass David bei dem Versuch, nun wieder rein klassische Stücke darzubieten, versagen würde: »Es fehlt an Dispositionskraft, Gestaltungswillen und langem Atem, um musikalische Zusammenhänge zwingend zu strukturieren.« Der Violinist hätte zu nervös agiert: Er habe zu »aufgeregt und angestrengt« gewirkt. Auch hätte sich mit seiner Partnerin kein echtes Zusammenspiel ergeben. Und sogar über die so lebendig vorgetragenen »Zigeunerweisen«, dazu Bazzinis »Ronde des Lutins« und Elgars »Salut d'amour« meinte der Kritiker, dass David sie nur »effektsicher« gespielt habe. Man hätte auch »gekonnt« oder »virtuos« schreiben können.
Und am Schluss sorgte sich der Rezensent darum, ob David nicht Gefahr liefe, seine Begabung »im Crossover zu verschleißen« und nicht mehr zur »Konzentration und künstlerischen Disziplin eines Geigers von Rang zurückzufinden«.
Hier wurde das Crossover miesgemacht, weil es ja angeblich Davids Können als Klassikmusiker zunichtemachen würde. Allerdings sehen das andere Kritiker nicht so, wie z.B. eine Redakteurin des »Wiesbadener Kurier«. Sie erlebte ein Konzert von David in Frankfurt am Main im November 2008 in der Alten Oper und hatte nur eines zu bemängeln: »Garretts Suche nach breitenwirksamen Wegen der Musikvermitt-

lung ist absolut begrüßenswert. Nur schade, dass er das Potenzial, das in dieser Herangehensweise liegt, nicht nutzt. Denn jenseits vordergründiger Virtuosität lassen sich auch aus dezidiert klassischer Musik Aspekte schälen, die selbst Ungebildetste zum Toben bringen. Dazu allerdings müsste man die Stücke, die man zum Besten gibt, sehr viel besser kennen.« Doch, so fügte sie versöhnlich hinzu, dafür habe David ja auf dem Rest der Tour noch Zeit.

Von dieser eher sanften Schelte bis hin zu angriffslustigen und verächtlichen Verrissen reichten die negativen Kritiken aus Deutschland. Aus dem Ausland kamen solche Beurteilungen seltener, meist gerieten sie auch zurückhaltender. Anscheinend ist man z.B. in den USA offener für neue Möglichkeiten des Hörens von Musik, die David Garrett mit seinem Crossover-Konzept bietet.

Ein Beispiel für eine nicht ganz so harsch formulierte negative Reaktion kommt von dem Magazin »Time Out Singapore«, das im Juli 2007 Davids Album »Free« rezensierte. Wie bei einigen deutschen Kollegen wurde damals gemotzt, dass es nicht einfallsreich sei, klassische Werke mit einem Schlagzeug zu präsentieren: »Was ist originell daran, ein beliebtes Stück zu nehmen und Beats hinzuzufügen?« Da gefielen dem Kritiker die Einspielungen, die sich an das Original halten, schon viel besser. Am Ende warnte dieser Autor davor, dass sich David bei seinem neuen Karrierestart nicht nur auf sein äußeres Erscheinungsbild verlassen sollte: »Wenn Garrett mehr auf sein Kapital als gut aussehender Junge als auf sein offensichtliches Talent setzt, ist das nicht bloß eine Verschwendung, es ist eine Sünde.«

Damit attestierte der Kritiker David eine außergewöhnliche künstlerische Begabung, was eine ganze Flut an begeisterten Rezensenten genauso sieht – das lässt die weitaus weniger häufig zu lesenden negativen Kritiken schnell wieder vergessen.

In der internationalen Presse, etwa im Magazin »Indie London«, lasen sich lobende Worte, ebenfalls für Davids Album »Virtuoso«, im März 2008 so: »Egal, was er spielt, er ist hervorragend. Und das Beste, was man über das Album sagen kann, ist, dass es Spaß macht und eine Anziehungskraft besitzt, die weiter wirkt als nur auf Fans klassischer Musik.«

In Deutschland gab es eine ganze Reihe von ebenfalls sehr positiv gehaltenen Kritiken, die geradezu begeistert wirkten. Zum Beispiel bewertete das »Oberbayerische Volksblatt« im November 2007 Davids technische Kompetenz an der Geige bei einem Konzert im zehn Kilometer südlich von Rosenheim gelegenen Schloss von Neubeuern. Der Kritiker bescheinigt dem Virtuosen, dass er sowohl die getrageneren Stücke als auch Sarasates »Kapriolen«, die er an den Schluss des Auftritts gestellt hatte, außerordentlich gekonnt zu Gehör brachte: »Man verzeiht dem ... jungen Geiger David Garrett solchen Stilwandel nach exklusiv klassischem Programm, weil er diese Eskapaden so makellos sauber und kaum überbietbar spielen kann.« Am Ende der durchweg positiven Ausführungen fasste der Rezensent Davids Vortrag als tatsächlich tief empfunden zusammen: »Als Star mit Wunderkindkarriere war er im Programm angekündigt worden, aber alles, was er spielte, war zutiefst echt und erfühlt.«

Zu diesem Ergebnis kam auch »Der Neue Tag« im Juli 2008, als David Garrett mit seiner Band und den Hofer Symphonikern bei den »Thurn und Taxis Schlossfestspielen« in Regensburg auftrat. Dort war ebenfalls davon die Rede, dass der Geiger die Musik, die er spielte, mit eigenen Gefühlen verbinden konnte: »Vielleicht war nicht jeder Ton so makellos wie von Anne-So-

phie Mutter, sicher aber tief empfunden, nicht aufgesetzt, sondern ganz ehrlich gemeint und die Hörer direkt packend.« Und der Autor ergänzte später: »Bei ›Hora Staccato‹ von Dinicu/Heifetz und der ›Carmen-Fantasie‹ von Bizet/Waxman war dieses Aufgehen in der Musik besonders hörbar.« Gelobt wurden auch Davids moderne Arrangements der alten Meister: »Anderes wiederum bekommt ein neues Tongefühl, so ›Der Sommer‹ op. 8/2 von Antonio Vivaldi, dessen Finale durch die neue Klangmischung einen hinreißenden Schwung erhält. Vivaldi hätte es heutzutage so und nicht anders komponiert.« Und der Kritiker ließ nicht unerwähnt, wie sehr die Musik dem Publikum gefallen hat: »Frenetischer Beifall, die jungen Leute jauchzten, die Älteren klatschten.«
Ähnlich euphorisch formulierte die »Ahlener Zeitung« im November 2008 nach einem Konzert in Münsters großem Hörsaal, als der Kritiker auf Davids Interpretation von Johannes Brahms' Scherzo aus der F-A-E-Sonate zu sprechen kam: »Und erst sein Geigenton im Mittelteil! Voller Schmelz und mit spürbar großem Espressivo – und immer mit einem kleinen Tränchen im Auge.« Auch für Davids Version von Edvard Griegs Sonate op. 45 fielen nur lobende Worte: »Diese Musik geht direkt ins Blut, weil sie so ehrlich, so glaubwürdig gespielt wird. Dabei liefert Garrett gar nicht mal einen sonderlich großen Geigenton – aber einen kernigen, der ohne jede Schärfe auskommt und nirgends spitzig oder klirrend wird.« Und er kam zu dem überaus positiven Resümee, was das Publikum bei diesem Konzert zu Gehör bekam: »Ein grandioser Geiger mit einer ebenso grandiosen Pianistin, die viel zu sagen haben.«
Die Gründe für solche Anerkennung änderten sich nicht, wie man an einer Konzertkritik der »Westdeutschen Zeitung« eineinhalb Jahre später im Mai 2010 sehen konnte. Es ging um

einen Abend für Violine und Klavier mit Sonaten von Mozart, Beethoven und Brahms und der Konzertrhapsodie »Tzigane« von Maurice Ravel in der Düsseldorfer Tonhalle während Davids Tour »Recital 2010«. Dort wurde zunächst positiv erwähnt, dass David die Klassik zugänglicher gemacht hat: »Gerade in der Heranführung neuer Publikumsschichten an weniger populäre, aber nicht minder geniale Werke der Kammermusik liegt Garretts Verdienst.«

Dann wurde wiederum Davids Können an der Violine betont: »Der leger gekleidete junge Mann mit den langen Strähnchenhaaren spielt ungemein suggestiv, technisch brillant und musikalisch fein.« Und mit einer kleinen kritischen Einschränkung ging die begeisterte Beschreibung weiter: »Ein paar altmodische Schleifen bei Brahms mögen Geschmacksache sein, doch der klangliche Nuancenreichtum, die Virtuosität und Empfindsamkeit lassen alle Stücke aufs Schönste erblühen.«

Diese besondere Ästhetik erkannte ebenfalls die »Rheinische Post« einen Tag nach dem Auftritt in Düsseldorf: »Der Geiger zeigte sich als guter Kammermusiker, denn er gab sich hier keineswegs als Star, sondern als Partner des vorzüglichen französischen Pianisten Julien Quentin … Seine Technik und seine Intonation waren sowieso wie stets über jeden Zweifel erhaben. Garrett und Brahms – das passte, denn die Sonate atmete romantische Lyrik und Dramatik.«

Genau diese Punkte hob die »Mitteldeutsche Zeitung« ein paar Tage später anerkennend hervor und lobte besonders, wie der Violinstar die klassischen Konzerte mittels seines Crossover-Konzepts in einer Art zu gestalten in der Lage ist, dass die Menschen in die Säle strömen: »Sein Stil macht die Musik zugänglich. Das Eis zum Publikum bricht durch die lockeren Moderationen zwischen den Stücken. Das, was klas-

sische Musik ›schwer‹ macht, was Distanz schafft und verkopft wirkt, wischt Garrett weg. Ganz bewusst. Seine Musik soll auch ein junges Pop-affines Publikum erreichen, das nicht zurückschreckt, wenn Ravel und Mozart auf dem Programm stehen.«
Kurz danach kam der Rezensent auf Davids Qualitäten als Entertainer zu sprechen, der wie ein Popstar auch Wert auf die »Wirkung der Musikstücke« und den Unterhaltungsfaktor legt, dies aber keineswegs abwertend: »Er hat Ausstrahlung und eine dezente, aber gut geplante Bühnenshow.« Dadurch könnte sich das Publikum gebannt auf das Konzert konzentrieren, ohne großartig über das Gehörte nachzugrübeln.
In diese Begeisterung für das Öffnen der Tür zur Klassik stimmte die »Sächsische Zeitung« vom 18. Mai 2010 ein: »Was Garrett ohne Wenn und Aber gelang: Sympathiefeuer für anspruchsvolle Kammermusik zu entfachen, ein Publikum, das nicht jede freie Minute mit Klassik verbringt, zu überzeugen: Es macht Spaß, so etwas zu spielen und zu hören!«
Und die »Berliner Morgenpost« erkannte schon im Mai 2008, wie gut es David gelungen ist, die klassische Musik zugänglich zu machen, wenn der Kritiker auch vorsichtiger und nüchterner formulierte. Er kam darauf zu sprechen, dass es viele Klassik-Radio-Hörer gebe, die sich an »schönen Melodien, an kurzen Andantes und frechen Allegros« erfreuten und sie einfach genießen möchten, ohne sie sofort wie ein Musikkenner, der schon seit Jahrzehnten Klassik hört, analysieren zu wollen. Sie würden sich schlicht darauf einlassen. Und genau das ist das Verdienst eines Musikers wie David Garrett, der sie auf diesen Weg gebracht hat: »Das ist das Wichtigste – sie hören überhaupt wieder … Einer wie Garrett springt ein und gibt dem Volk, was das Volk will. Verkehrt ist das nicht.«

Bei diesen professionellen Musikkritikern überwiegen insgesamt die positiven Töne – was bei den Musikfans nicht anders ist. Dennoch gibt es sie: die unbekannten Kommentatoren, die gern über David motzen, wobei man bei ihnen nicht weiß, wer dahintersteckt. Daher sind ihre negativen Äußerungen manchmal mit Vorsicht zu genießen. Dennoch sollen deren Kommentare als Stimmungsbild nicht unerwähnt bleiben. Einige Äußerungen sind z. B. auf der englischsprachigen Website des Magazins »Time Out Singapore« zu lesen. Da schrieb zum Beispiel der User »John«, der in David nur einen gut vermarkteten Geiger von vielen sieht, im Jahr 2008: »Nimm einen durchschnittlichen Geiger, vorzugsweise mit gutem Aussehen. Lass ihn ein Millionen-Dollar-Instrument zerbrechen, während er eine Treppe runterfällt. Dann hast du Schlagzeilen, und du kannst diesen durchschnittlichen Geiger als Genie vermarkten.«
Kurz darauf stimmte »Alien« in ähnlichem Tonfall mit ein, als der User schrieb: »Es ist offensichtlich. David Garrett versucht, Nigel Kennedy zu kopieren.« Dann führte sie oder er aus, dass die Plattenfirmen von Nigel abgerückt seien, weil er zu oft andere musikalische Richtungen ausprobierte, er sich aber nur über die Klassikschiene gut verkaufen würde. Und da hätte die Musikindustrie eben David Garrett aus dem Hut gezaubert, was für »Alien« kein Vergleich sei: »Zu David würde ich sagen: Vergiss es, mein Freund. Du bist nicht gut genug.«
Aber das waren auch schon die Argumente, die hier und da im Internet herumgeistern. Meist sind es eher Fans oder normale Besucher von Davids Konzerten und Käufer seiner CDs, die sich im weltweiten Netz sehr positiv über ihn äußern. Einige davon sind auf der Website des US-Magazins »NPR Music« im Kommentarbereich zu finden, wie etwa

eine Danksagung an den Deutschamerikaner von »Nana11«: »Was für einen wundervollen Dienst erweist uns David Garrett, wenn er die Klassiker mit der modernen Musik unserer Kinder vermischt. Es ist eine schreckliche Schande, dass so viel Musikunterricht wegen Budgeteinschränkungen in den Schulen reduziert oder ganz gestrichen wurde. Deshalb werden viele unserer Kinder und Enkelkinder niemals Vivaldi, Bach etc. hören. David und auch andere wie er helfen, diese Lücke zu füllen, indem sie ihr Angebot erweitern, um viele Arten von Musik einzuschließen.« Dann schlug sie David noch vor, doch mal Countrymusic in sein Programm zu integrieren. Auch da würde ja schließlich mit Freude die Fiddle gespielt.

Einmal abgesehen von dieser Anregung, agiert David mit seinem Crossover-Stil tatsächlich für die ganz jungen Musikfans als Vermittler der Klassik und nicht nur für junge und ältere Erwachsene.

Das sah auch »Meleesa« so, die schrieb, dass das Orchester der Schule ihrer Enkelin die Crossover-Idee aufgegriffen habe. Sie berichtete von einem Konzert, auf dem »das Klassische mit dem Populären« vermengt wurde: »Die Kinder spielten ein bisschen von den Standard-Klassikern – und hauten das Publikum dann regelrecht um mit ›Smoke On The Water‹, komplett gespielt mit elektrischen Violinen, Drums und einer elektrischen Bassgitarre. Die Kinder im Publikum lagen ihnen am dramatischen Ende zu Füßen. Seltsamerweise brachte kein anderer Song diesen starken Level an Rückmeldung. Mr. Garrett ist auf der richtigen Spur …«

Das bestätigte »DaddyBurrito«, als er David dafür lobte, dass er die Originalstücke nicht verschandelte: »Garrett entfernt sich nicht zu weit von der ursprünglichen Intention der Künstler, aber er drückt der Musik seinen eigenen Stempel auf.«

Diese Grenzüberschreitungen probierten noch andere talentierte Violinisten, wie z.B. der schon erwähnte Nigel Kennedy oder auch Vanessa Mae. Dazu äußerte sich »JaneN«, die sich auf Davids Seite schlug: »Er ist großartig, und er ist sehr viel besser als Vanessa Mae. Ja, eine Menge Künstler arbeiten in einer ähnlichen Weise, aber er steht an der Spitze von allen.«
Und das, weil David die Musik nicht nur spielt, sondern mit ihr eins wird, wenn er die Saiten erklingen lässt. Das beobachten nicht nur amerikanische, sondern auch deutsche Fans, ja Fans aus der ganzen Welt.
So war im Kommentarbereich des Internet-Videoportals »YouTube« als Reaktion auf einen Clip, der David Garrett bei seinem Besuch und seiner Performance in der Sendung »Wetten, dass ...?« zeigte, von »LarsUlrichFan1988« zu lesen: »Er fängt richtig an, zu strahlen und zu leuchten, wenn er spielt. Das ist unglaublich, diese Leidenschaft und Hingabe. Und das alles sieht man in seinem Gesicht. Echt beeindruckend.«
Ähnlich fasziniert meinte »Sun4uandme«: »David Garrett ist der beste Violinist der Welt ... Bei ›He's A Pirate‹ geht er echt ab. Einfach nur genial.« Und »discounter2011« sagte, beeindruckt vom Auftritt des Saitenvirtuosen: »Der hat gar keine Nerven. Der könnte auch solo vor der ganzen Welt spielen und wird trotzdem so locker sein, als ob er für sich auf'm Sofa spielt.« Noch gefühlsbetonter schrieb »xX123emoschnute321Xx«: »Da geht mein Herz auf.« Mehr auf Davids technische Fertigkeiten ging »AfghanPrincess88« ein: »Unglaublich!! Ich spiele selbst Geige und weiß, wie kompliziert manche Fingerschritte sind und wie geil er ›Smooth Criminal‹ spielt!«
Während diese Kommentatoren eher der jungen Generation zuzurechnen sind, gab es andere, ältere und offensichtlich

klassikerfahrene User, die David ebenfalls lobten, wenn auch mit einer etwas anderen Wortwahl als bei »YouTube«. Beispiele dafür finden sich in der Online-Ausgabe der »Zeit« in den Reaktionen auf ein Interview mit dem Stargeiger. Da wurde beispielsweise anerkennend gesagt: »Erstaunlich geerdet wirkt dieser junge Mann. Dass sich hinter der schönen Optik so ein hart arbeitender, authentischer Mensch verbirgt, hat mich jetzt doch überrascht. Ich war immer der Ansicht, der wäre nur so eine Marketingmarionette. Beeindruckend zu lesen.«

Beeindruckt war offensichtlich auch »Someone79«, die oder der schrieb: »Wenn man sich nicht nur die neuen, sondern auch die älteren CDs anhört und sein Konzertrepertoire ansieht, wird man schnell feststellen, dass David Garrett mehr als nur der ›Beckham der Violine‹ oder ›schnellste/schönste Geiger der Welt‹ ist. Grad erst hat er bewiesen, dass er nicht nur zu Michael Jackson oder AC/DC rockt, sondern auch gekonnt Sonaten von Beethoven, Grieg usw. oder Violinkonzerte von Mendelssohn & Co. zu interpretieren weiß. Und auch dies auf seine ganz eigene Art und Weise, unverkennbar, die jeden Musikliebhaber sowie Klassikkenner beindruckt!«

Doch nicht nur das. Schließlich existieren ja die Kritikerattacken gegen David und sein musikalisches Konzept, und das regt auch die älteren Bewunderer auf, wie etwa »Klassikhörerin«, die auf »Zeit online« meinte: »Tatsächlich wird mal wieder nach alter Manier ein mutiger junger Künstler niedergeschrieben, der starre Konventionen hinterfragt und bricht.« Und der authentisch ist, wie »mhmoeller« schrieb: »Wenn man … nur die richtigen Fragen stellt und sich in diese suchende Persönlichkeit David Garrett einfühlt, dann öffnen sich Welten, und ein oft trivialisierter Musiker erscheint im neuen Licht: als ein sich seiner selbst und seiner Verantwortung bewusster, gewissenhafter Künstler, der sein Publikum ernst nimmt. Und es liebt …«

An diesen Kommentaren ist zu erkennen, dass David polarisiert. Da gibt es auf der einen Seite harsche Kritik, die ihn als lediglich gutaussehende, kommerzielle, durchschnittlich begabte Marketingmarionette verdammt. Und da gibt es den überwältigenden Zuspruch seiner Bewunderer, die in ihm einen Virtuosen, einen Grenzgänger sehen, der ihnen eine ganz neue musikalische Welt eröffnet und Klassik und Pop aus einem aufregend anderen Blickwinkel zeigt.

Aber wie geht David selbst mit positiver, aber vor allem auch mit negativer Kritik um? Über den Vorwurf, als Klassiker zu sehr nach dem Kommerziellen zu schielen, regte er sich richtig auf, wie in der »Bielefelder Zeitung« vom 15. Oktober 2008 nachzulesen war: »Das ist doch totaler Blödsinn … Seit Jahren versucht die Klassik, kommerziell erfolgreich zu sein. Gelingt das jemandem wie mir, wird gemeckert. Allerdings muss ich sagen, dass die meisten meiner Kollegen das Ganze sehr positiv sehen und sich über mein gutes Image freuen.« Wie auch andere Klassikkünstler laut David nicht über sein Äußeres die Nase rümpften, zumindest nicht laut. Das erklärte der Violinist in der »Sächsischen Zeitung« vom 17. Oktober 2008. Er meinte, es gäbe keine Kritik daran: »Wenn es sie gäbe, so sagt man sie mir nicht ins Gesicht.«

Bekommt er aber negative Reaktionen mit, lässt David das nicht völlig kalt, wie in einem Interview mit »Zeit online« Anfang 2009 zu lesen war. Darin betont er nochmals, wie bedauerlich er es findet, dass die Klassikpuristen lieber »allein in ihrer Glaskugel bleiben«. Stattdessen sollten sie sich darüber freuen, wenn jemand gegen das mangelnde Interesse an der Klassik, das sich in den Jahren vor Davids Comeback gezeigt hat, erfolgreich angeht und die Leute wieder begeistert. Sie wollten, so Davids Eindruck damals, »gar nicht, dass sich was ändert«.

Die Kritik, die er auch aus diesem Grund aus der konservativen Ecke zu spüren bekommt, ist ihm aber nicht so wichtig. Für ihn zählen die Reaktionen von Persönlichkeiten, die David »musikalisch etwas bedeuten«. Und dann listete er Ida Haendel, Itzhak Perlman und Zubin Mehta auf. Wenn sie ihm sagten, dass etwas schiefläuft, hätte das für ihn eine alarmierende Wirkung.

Ihre Kritik nimmt David ernst – genauso wie die Zuneigung seiner Fans, die ihm ihre Sympathie immer wieder beweisen, wie auch viele Rezensenten ihm vermitteln, dass sie sehr mit der Arbeit des Violinvirtuosen einverstanden sind. Das betonte der Geiger in der »Braunschweiger Zeitung« vom November 2008: »Also ich finde es toll, wenn das Publikum oder Kritiker einem bestätigen, dass man gut war. Komplimente müssen einem doch Flügel geben.«

Noch wichtiger allerdings als das Lob der Medien sind ihm seine Fans, sein Publikum, die Menschen, für die er spielt. Das unterstrich er noch einmal in einer Ausgabe der »Bunten« im Oktober 2008 anlässlich der Verleihung des »ECHO Klassik«: »Ich freue mich, wenn bei einer solchen Veranstaltung meine Arbeit gewürdigt wird, und fühle mich sehr geehrt. Aber ich empfinde mehr, wenn ich Briefe von meinen Fans bekomme, das ist ein viel direkterer Kontakt.«

Für sie spielt er, steht auf der Bühne und im Studio, nicht für die Kritiker, die Neider und die Hasser. Sie müssen ja auch nicht zuhören, wenn David die Saiten erklingen lässt. Und sie müssen nicht dabei sein, wenn er wieder eines seiner grandiosen Livekonzerte gibt …

Außergewöhnlich

DAVID GARRETT LIVE

Einen »Wiedergänger der Virtuosen des 18. und 19. Jahrhunderts« nannte die »Süddeutsche Zeitung« David Garrett live, »Gänsehaut-Konzerte« titulierte die »Bild«-Zeitung etwas bodenständiger. Als »Retter der Klassik« und »rekordverdächtig« wurde David von der Zeitung »Die Rheinpfalz« bezeichnet, salopp als »eine Rakete auf den Saiten, ein Charmeur ohne Grenzen« von der Zeitung »Rhein-Neckar-Zeitung« und als »Hexenmeister auf der Geige« vom »Kölner Stadtanzeiger«. »An den Kassen bettelten verzweifelte Fans förmlich um Karten«, fasste die »Bild«-Zeitung den Ansturm auf die Konzerte des Geigenstars der letzten Jahre in Worte.

Ein Top-Liveact war David zwar bereits als Teenager, nachdem er das erste Mal mit seinem Instrument in der Öffentlichkeit aufgetaucht war.

Doch während seine Konzerte in den 1990er Jahren bevorzugt von puristischen Klassikanhängern zumeist jenseits der 50 oder 60 besucht wurden, die dem Wunderkind huldigen wollten, sind die Auftritte des inzwischen zum Twen Gereiften seit Mitte der 2000er Jahre – also seit der Violinvirtuose

sich der Klassik genauso wie dem Rock verschrieben hat – bei Menschen seines Alters oder sogar Jüngeren ebenso beliebt.
Dabei gab David nach seinem erfolgreichen Abschluss auf der New Yorker Juilliard School im Jahr 2004 auf der Bühne zunächst wieder rein klassische Musik zum Besten. Die Angebote, zu diesem Zeitpunkt nur mit der Elite dieses Genres zu spielen, waren allerdings auch zu verlockend. Tatsächlich arbeitete er mit den besten Dirigenten und Orchestern der Welt. Und die Bühnen, die er betrat, waren rund um den Globus verteilt und oftmals die besten ihrer Art.
David musizierte unter der Leitung von Dirigentengrößen wie Claudio Abbado, Zubin Mehta oder Sir Neville Mariner und ein paar Dutzend anderen, unterstützt wurde sein Spiel von Weltklasse-Orchestern wie der Academy of St. Martin in the Fields, dem Deutschen Opernorchester Berlin, dem Nationalorchester von Paris, dem Russischen Nationalorchester, dem London Royal Philharmonic Orchestra und rund 40 weiteren Institutionen. Da Garrett stilistisch äußerst flexibel war und ist, konnte man ihn für die Violinkonzerte so unterschiedlicher Klassiker (im wahrsten Sinne des Wortes) wie Bach, Mozart, Beethoven, Brahms, Dvořák und etliche mehr einsetzen.
Nachdem David sich eine selbstauferlegte mehrjährige Livekonzert-Auszeit genehmigt hatte, begann er ab dem Jahr 2005 wieder mit dem Geigenspiel vor einer zahlenden Öffentlichkeit in der ganzen Welt. Trat er zunächst noch in kleineren Hallen auf, sollte sich jedoch schon bald das außergewöhnliche Talent des Twens auch über den eher engen Kreis der Freunde klassischer Musik hinaus herumsprechen.
Von 2006 an wurden größere Locations gebucht. David war die meiste Zeit des Jahres in der ganzen Welt unterwegs, um sein grandioses Geigenspiel interessierten Konzertbesuchern zu demonstrieren.

Am 1. Mai 2006 war eines der aufsehenerregenden Gastspiele Garretts in der Kirche Orsanmichele in Florenz zu bewundern. Dieses Gotteshaus, errichtet Mitte des 14. Jahrhunderts, ist in Form und Bedeutung ein einzigartiges Bauwerk. Es ist nicht nur ein Oratorium, sondern beinhaltet gleichzeitig einen städtischen Getreidespeicher. Außerdem erhielt Orsanmichele Ende des 14. Jahrhunderts eine weitere Funktion: Es wurde Zentrum der Zünfte in Florenz. Davon legen 14 Plastiken Zeugnis ab, welche die 14 Schutzpatrone der Gilden darstellen, die bis heute in den 14 Nischen der vier Außenwände der Kirche zu bewundern sind. Sie wurden Anfang des 15. Jahrhunderts von den bedeutendsten Künstlern ihrer Zeit gefertigt.

In diesem außergewöhnlichen Ambiente mit ebenso außergewöhnlicher Akustik bestritt der smarte Violinist ein gleichfalls besonderes Konzert, bei dem die italienischen Medien ins Schwelgen gerieten. Mit dem Florentinischen Kammerorchester an seiner Seite spielte sich David durch ein Programm, das hauptsächlich aus Mozart-Kompositionen bestand. Kein Wunder, schließlich war die Konzertreihe jenes Jahres Mozart gewidmet.

Nicht nur das Publikum geriet während des Auftritts ins Schwärmen, auch der Meister selbst war restlos begeistert von dem Bauwerk, in dem er an jenem Abend auftrat: »Florenz ist für mich alleine schon umwerfend, aber dieser Saal ist schlicht traumhaft«, verriet er der italienischen Presse.

Kaum weniger spektakulär war Davids Auftritt in der portugiesischen Hafenstadt Porto.

Zum einen, weil er bei seinem Gig am 27. Juli 2006 mit einer wundervollen Interpretation von Robert Schumanns Violinkonzert brillierte, unterstützt vom renommierten Orquestra Nacional do Porto unter der Leitung des hochgelobten englischen Dirigenten Graeme Jenkins. Zum anderen wegen des Gebäudes, in dem der Auftritt über die Bühne ging: Die Casa da Musica ist ein moderner Bau, der erst im April 2005 seine Pforten öffnete.

Das Konzerthaus wurde von den holländischen Architekten Rem Kohlhaas und Ellen Van Look entworfen. Das Gebäude besitzt eine ungewöhnliche, minimalistische, monolithisch viereckige Form; die Außenfassade besteht aus weißem Sichtbeton und zum Teil gewellten Glasfenstern. Im Inneren ist die Architektur aus Beton, Aluminium und Glas zum Teil mit vielen verschiedenen Materialien verkleidet. Der große rechteckige Konzertsaal, in dem David auftrat, ist mit Holz vertäfelt, auf das ein Muster aus Blattgold aufgetragen wurde. Seine Stirnseite öffnet sich mit einer großen gewellten Glasfront auf die Stadt. Diese Glaswellen verzerren einerseits den Blick, andererseits wird der Schall günstig gebrochen und liefert eine hervorragende Akustik. Davon war Garrett als Klangperfektionist am meisten beeindruckt.

Von Portugal aus ging es für den jungen Geiger in geradezu atemberaubendem Tempo von Kontinent zu Kontinent, von Land zu Land, von Konzertsaal zu Konzertsaal. Mazedonien stand auf der Reiseroute, danach Japan, Deutschland, die Schweiz, Israel, England, Kroatien, die USA, Spanien, Luxemburg, Frankreich und einige Staaten mehr, stets unter der Leitung unterschiedlicher Dirigenten und mit unterschiedlichen Orchestern. Gelegentlich absolvierte Garrett sogenannte »Recital«-Auftritte, das heißt Solo-Abende, bei denen der Violinist nur mit einem Pianisten und nicht mit einem großen Orchester auf der Bühne stand.

An seinem beinahe mörderischen Reisetempo sollte sich auch in den folgenden Jahren bis in die Gegenwart nichts ändern. Kein Wunder, dass der junge Meister in Interviews auf die

Frage, wie sein Lebensstil aussieht, immer wieder antwortet: »Ich bin quasi nonstop unterwegs. Zehn bis elf Monate im Jahr toure ich durch die Welt, lebe in Hotels, habe Auftritte und sehr viel Stress – positiven, wohlgemerkt.«

Zeit für Freunde und Familie hat Garrett seit Jahren kaum noch, wie er bestätigt: »Die Geige steht für mich an erster Stelle! Noch vor meiner Familie, eigentlich vor allem. Wenn ich mal ausnahmsweise frei habe, gibt es für mich eigentlich nur eines: Schlafen!«

Ein weiterer Höhepunkt im Kalender des Reisenden in Sachen Livemusik war etwa ein Gastspiel im Februar 2007 in Mailand, wo er ein Violinkonzert von Brahms exzellent zum Besten gab. Dorthin eingeladen wurde er aufgrund einer Empfehlung des legendären Dirigenten Zubin Mehta.

Im Mai desselben Jahres war der Vielbeschäftigte gleich für elf Gastspiele in Israel. Dort demonstrierte David erneut seine Brillanz. Er spielte zusammen mit dem israelischen Philharmonieorchester unter dem Dirigenten George Pehlivanian das Konzert in G-Dur von Mozart, mit dem er den Abend eröffnete, dann Vivaldis Evergreen »Die vier Jahreszeiten« und Paganinis Konzert Nr. 2, »La Campanella« betitelt. Pehlivanian war dermaßen begeistert von dem jungen Geiger, dass er ihn spontan einlud, im Oktober des folgenden Jahres unter seiner Regie und mit seinem eigenen Orchester im slowenischen Ljubljana aufzutreten. David nahm die Einladung gerührt an.

Zuvor aber hatte Garrett im Sommer 2007 noch die Ehre, als besonderer Gast zum berühmten »Verbier-Festival« eingeladen zu werden. Dieses Musikfestival wurde 1994 ins Leben gerufen. Während 17 Tagen im Juli versammeln sich Stars der aktuellen klassischen Musikszene – etwa Evgeny Kissin, Martha Argerich, Thomas Quasthoff oder Lang Lang – vor der idyllischen Kulisse der Schweizer Alpen in Verbier. Der Leitgedanke der Veranstaltung ist es, Kontakte zwischen bereits etablierten Künstlern und Nachwuchstalenten herzustellen. Beim »Verbier-Festival« werden Workshops und Konzerte miteinander kombiniert. Pro Jahr strömen rund 40 000 Besucher zu der Veranstaltung. Zusätzlich gibt es rund um das Festival an den unterschiedlichsten Orten kostenlose Konzerte und Straßenshows. Zudem können Nachwuchstalente Erfahrungen unter der Leitung führender Dirigenten sammeln. David fühlte sich in Verbier mit seiner puren musikalischen Atmosphäre derart wohl, dass er im Sommer darauf nochmals dort vorbeischaute.

Im Februar 2008 war Garrett zusammen mit dem israelischen Kammerorchester auf Tournee in den USA. Wie gewohnt erwarteten ihn durch die Bank volle Säle und frenetischer Applaus des Publikums. Auch die Neue Welt war von dem Ausnahmetalent im Sturm erobert worden!

Das deutsche Publikum wurde in den Jahren 2007 und 2008 allerdings nicht völlig vernachlässigt, was Livevorstellungen des jungen Virtuosen anging, wenngleich Konzertreisen, die Garrett durch mehrere Städte der Republik führten, erst ab dem Frühjahr 2008 anstanden. Seither absolviert David diese allerdings gleich mehrfach im Jahr, stets in ausverkauften Häusern.

Am 9. und am 23. März 2007 gab David im Ingolstädter Festsaal des dort ansässigen Theaters sowie im Bocholter Stadttheater viel bejubelte »Recital«-Konzerte, die er ausschließlich mit der ukrainischen Pianistin Milana Chernyavska bestritt. Das Programm bestand aus Kompositionen von Mozart, Brahms und Grieg sowie – nur in Bocholt – Paganini.

Die Tageszeitung »Donaukurier« schwärmte in ihrer Ausgabe zwei Tage nach dem Ingolstädter Auftritt darüber: »Der

junge Geigenstar vermag seiner Stradivari einen ungeheuer süffig klingenden, extrem schnell vibrierenden Ton zu entlocken. Die Thuner-Sonate von Brahms gestaltete Garrett atemberaubend tonschön und mit unangestrengter Virtuosität.
Was man wahrnahm, war ein äußerst gutaussehender Künstler, der schöne Töne produziert. Aber: Hier stand ganz gewiss kein geigenspielender Dressman auf dem Podium, sondern vielmehr ein großer Geiger. Garretts Violinspiel ist wie geschaffen gerade für die Brahms-Sonate. Er setzt auf die Ausdruckskraft der Melodien, die zärtliche Geste, die gemütvolle Gebärde und entwickelt so eine ruhig fließende, irgendwie abgeklärt wirkende Interpretation. Selbst die Satzhöhepunkte spielt er nur verhalten aus, niemals gibt es Momente unschöner Forciertheit.«
Der Autor Michael Stukowski vom »Bocholter-Borkener Volksblatt« geriet über das Bocholter Gastspiel von Garrett in ähnlich hohen Tönen in Begeisterung: »Das Publikum mit virtuoser Musik zu minutenlangen Beifallsstürmen hinzureißen, das gelang jetzt David Garrett und Milana Chernyavska. Wunderschön gezirkelte Zwiegespräche und eine Kunstfertigkeit auf dem Instrument, die in dieser spielerischen Leichtigkeit nur selten anzutreffen ist – es sollte ein Abend der musikalischen Delikatessen werden.«
Davids Partnerin an jenen beiden Abenden, Milana Chernyavska, ist eine weltweit populäre Pianistin. Mit ihr spielt David bis heute in regelmäßigen Abständen zusammen. Die attraktive Ukrainerin, geboren in Kiew, ist wie Garrett ein Ausnahmetalent. Bereits mit fünf Jahren erhielt sie ersten Klavierunterricht von ihrer Mutter. Zwei Jahre später wurde sie in die renommierte Musikschule für begabte Kinder des Tschaikowsky-Konservatoriums in ihrer Heimatstadt aufgenommen. Im Alter von sieben Jahren spielte sie ihr erstes

Konzert im Großen Saal der Philharmonie in Kiew. Bereits mit zwölf gewann das Wunderkind den dritten Preis beim Internationalen Kammermusikwettbewerb »Concertino Praha«. 1990 beendete Milana ihr Studium am Konservatorium mit Auszeichnung. Von 1995 bis 1998 absolvierte sie ein Meisterklassenstudium an der Hochschule für Musik in München.

Schon ab 1988 spielte Chernyavska als Solistin mit verschiedenen Orchestern und konzertierte in fast allen europäischen Ländern sowie in Kanada, den USA und Asien. Außerdem wurde sie zu zahlreichen renommierten Festivals eingeladen; sie war zu Gast in den berühmtesten Konzertsälen der Welt. Neben ihrer Tätigkeit als Konzertpianistin unterrichtet die aparte Frau an der Hochschule für Musik und Theater in München und ist Professorin am Konservatorium im österreichischen Feldkirch. 1994 erhielt die Virtuosin vom Präsidenten ihres Heimatlandes den Titel »Verdiente Künstlerin der Ukraine«.

Chernyavska und Garrett ergänzten sich in ihrer Virtuosität und Spiellaune bei den zwei gemeinsamen Auftritten blendend. Der Auftakt – Wolfgang Amadeus Mozarts »Sonate für Klavier und Violine Nr. 26 B-Dur« – kam noch eher grazil daher. Doch bei der »Sonate für Violine und Klavier Nr. 2 A-Dur op. 100« von Johannes Brahms lieferte sich das Duo atemlose Dialoge und spiegelte damit herrlich die betörende Gefühlstiefe des Komponisten wider. Edvard Griegs »Sonate für Violine und Klavier c-Moll op. 45«, ein ungemein stimmungsreiches Werk, leitete den zweiten Programmteil der beiden Abende ein. Bei diesem Stück folgt einem furiosen Auftakt-Allegro ein liebliches Allegretto, das zum Träumen und Sinnieren einlädt. David ließ an dieser Stelle voller Sehnsucht seine Geige dahinschmelzen oder unterlegte die mit einem Mal expressiv anhebenden Klavierphrasen mit feinem Pizzicato. Die Zuschauer sowohl in Ingolstadt wie in Bocholt reagierten mit Bravorufen und stürmischem Zwischenapplaus. Einmal mehr zwei meisterliche Konzertabende, die Garrett vorgelegt hatte.

Am 10. August 2007 bestritt der Stargeiger ein weiteres außergewöhnliches Konzert in deutschen Landen. An jenem Tag führte ihn seine Konzertreise nach Duisburg. Dort fand ab 20 Uhr unter freiem Himmel an der Regattabahn zur Kanu-WM ein Auftritt mit den Duisburger Philharmonikern unter Leitung des holländischen Gastdirigenten Antony Hermus statt.

Man wagte sich an Stücke der Komponisten Smetana, Sibelius, Wagner oder Vivaldi heran – aber auch, für das Publikum damals überraschend, an den Song »Nothing Else Matters« der Hardrock-Institution Metallica. »Ich habe das Stück so ein bisschen im Stil von Debussy arrangiert«, hatte David der lokalen Presse im Vorfeld erklärt.

Nicht nur die Zuhörer, sondern auch die Medien waren einmal mehr von diesem Auftritt begeistert. So schrieb die »Westdeutsche Allgemeine Zeitung« darüber: »Ebenso virtuos wie wild präsentierte sich Geiger David Garrett. Vivaldis ›Sommer‹ musizierte er mit energischem und rauhem Bogenstrich, Pablo Sarasates vertrackte ›Zigeunerweisen‹ spielte er mit bewundernswerter Lässigkeit. Von seiner gefühlvollen Seite zeigte sich Garrett bei der Violinen-Romanze in F-Dur von Ludwig van Beethoven sowie bei dem Metallica-Klassiker ›Nothing Else Matters‹, der bei Garrett wie Puccini klang.«

Im Januar 2008 gab die für David damals zuständige Platten- und Konzertveranstaltungsfirma DEAG eine Pressemitteilung heraus, in der sie auf eine kleine Konzertreise ihres

Schützlings durch fünf deutsche Städte hinwies. Die DEAG jubilierte: »So viele junge Menschen wie noch nie bei einem klassischen Musiker stürmen die Konzertkassen. Seine Konzerttermine mussten wegen der sensationellen Nachfrage immer wieder in immer größere Hallen verlegt werden. Nun gibt der Supergeiger neben den Auftritten im März noch vier Zusatzkonzerte im Mai. Zwischen dem 13. und 17. spielt er in Hamburg, Düsseldorf, Berlin und Stuttgart.«

Auf dem ersten Teil der Konzertreise trat David zwischen dem 16. und 20. März 2008 an fünf Abenden hintereinander jeweils in München, Essen, Köln, Berlin und Hamburg auf. Der »coolste Geiger der Welt«, wie ihn »Bild am Sonntag« kurz zuvor tituliert hatte, gab während dieser Konzerte neben ausgesuchten Klassikstücken auch erstmals in Deutschland Songs aus seinem im November des Vorjahres erschienenen Crossover-Album »Virtuoso« zum Besten.

Garrett bestritt diese Gastspiele mit einer großartigen Band. Diese bestand aus dem Keyboarder und Pianisten John Haywood, geboren im nordenglischen Lake District, der am Londoner Royal College of Music Klavier bei Bernard Roberts und Komposition bei Joseph Horovitz studiert hatte. Seit Abschluss seiner Studien 1997 präsentierte Haywood zahlreiche seiner Eigenkompositionen im Radio und Fernsehen der BBC und war in verschiedenen Ländern aufgetreten. Johns Zusammenarbeit mit David hatte bereits 2005 begonnen. Seither treten beide regelmäßig gemeinsam auf. An den Arrangements und an der Produktion von »Virtuoso« war Haywood maßgeblich beteiligt.

An der Gitarre bei der Tour war Giorgio Serci zu finden. Der preisgekrönte italienische Gitarrist, Komponist und Arrangeur hatte zunächst klassische und Jazzgitarre sowie Komposition und Arrangement in seiner Heimat und in London studiert. Er hat bereits mit Stars wie Prince, Shirley Bassey, Jools Holland, Dr. John oder Nigel Kennedy kooperiert. Auf etlichen CDs, an denen Giorgio mitwirkte, wird seine musikalische Vielseitigkeit dokumentiert. Serci gibt Vorlesungen an der englischen Academy of Contemporary Music an der Universität in Middlesex und hält Meisterklassen an unterschiedlichen Konservatorien ab.

Als Percussionist der Tournee war Ben Bryant an Bord. Der Mann aus Manchester begann bereits mit fünf Jahren, Schlagzeugunterricht zu nehmen. Sein Weg führte ihn an die Royal Academy of Music, an der er sowohl Jazz- als auch Klassik-Schlagwerk studierte. 2002 gewann er einen Preis bei der »BBC Young Musicals Competition«. Seither wird er häufig als Studiomusiker für Pop- und Rockprojekte gebucht, trommelt gleichzeitig aber in klassischer Manier bei diversen Orchestern.

Als Pianistin dabei war Davids Favoritin Milana Chernyavska, deren Kammermusikpartner u.a. Julia Fischer, Lisa Batiashvili, Adrian Brendel und Daniel Rhön waren. Milana hat bereits bei zahlreichen CD-Aufnahmen mitgewirkt. Alles in allem eine exzellente Formation! Entsprechend exzellent verliefen auch die Deutschland-Konzerte der Vollprofis. Einmal mehr gerieten Zuschauer wie Medien in Euphorie.

Statt Abendkleidern und Smoking, wie sonst üblich bei in erster Linie klassisch orientierten Konzerten, waren an jenen Abenden bevorzugt Jeans, Lederjacke und Turnschuhe zu sehen. Bier im Plastikbecher ersetzte den Champagnerkelch. Ähnlich entspannt wie die Kleidung und das Trinkverhalten seines Publikums war auch der Hauptprotagonist selbst während seiner Deutschlandtour. Diese fand ausschließlich in Hallen statt, die Platz für mehrere tausend Menschen bieten – jedes Konzert war ausverkauft.

»Das wird ein ganz entspannter Abend hier«, meinte David beim Auftaktkonzert im Münchner Zenith mit verschmitztem Lächeln, ehe er sich seine sündteure Stradivari auf die Schulter legte. Er begann mit einem Medley seiner Lieblingsmelodien aus Bizets »Carmen«, in dessen Verlauf er von Brahms über Metallica bis hin zu Filmmusik und Folksongs ein so respektloses wie virtuos gemischtes Musikprogramm auf die Saiten zauberte.

Auch optisch entsprach David – wie man das inzwischen von ihm gewohnt ist – gar nicht dem Klischee eines klassischen Violinisten: Bevorzugt trug er verwaschene Jeans, Kapuzenpulli, Turnschuhe und Lederband um den Hals. Garretts Hauptanliegen mit jenen Konzerten war, die Berührungsängste seines Publikums mit den jeweils ungewohnten Klangwelten zu überwinden. Das kann man dann im wahrsten Sinne des Wortes »Crossover« nennen.

Jung und Alt im Publikum waren jedenfalls gleichermaßen begeistert von Garretts kleiner Konzertreise. Die Teens und Twens meinten beinahe übereinstimmend, dass sie noch nie zuvor in einem klassischen Konzert gewesen wären – aber da David neue wie frühe Musik miteinander verbindet, macht er diesen Mix für die Jugend interessant. »Hier ist es irgendwie nicht so, wie man sich das bei einem typischen Klassikkonzert vorstellt«, war häufig zu hören. Und auch die über 50-Jährigen hatten ihre Freude an den Gigs, weil Garrett, so wurde übereinstimmend anerkannt, ein Meister auf seinem Instrument ist.

Selbst der Applaus klang nicht so, wie man das von Klassikkonzerten gewohnt ist. Häufig gab es begeisterte laute Rufe und Pfiffe statt höflichen Händeklatschens. Und bei den Zugaben wurde gerne am Rand der Sitzreihen getanzt.

Übereinstimmend wurde von der Presse in der Konzert-

Nachberichterstattung attestiert, dass Garrett das wohl unterschiedlichste Konzertpublikum überhaupt in Deutschlands Veranstaltungshallen momentan anzieht; dass er smart und charmant ist und wenig Distanz zu seinem Publikum hält; dass er lässig wirkt in seinen ausgebeulten Klamotten, gepaart mit seinen millionenschweren Geigen.

Schrankenlos stellte er eine Komposition von Brahms neben einen Musical-Auszug, etwa aus dem »Phantom der Oper«. Gleich darauf präsentierte er eine Bluegrass-Fiddle-Nummer, dass die Haare nur so vom Geigenbogen flogen. Die Leute im Publikum hielt es nicht mehr auf ihren Stühlen. Stehende Ovationen überall!

Wie sehr David Garrett dem musikalischen Crossover-Gedanken verbunden ist, bewies er auch optisch am 17. Juli 2008 bei den »Thurn und Taxis Schlossfestspielen« in Regensburg. Die ersten 40 Minuten seines Auftritts, bei denen Mendelssohns Violinkonzert in e-Moll präsentiert wurde, absolvierte der Meister in einem typischen Konzertanzug. Für die exzellente, aber eben rein klassische Darbietung gab es höflichen Applaus vom überwiegend jungen Publikum.

In der Pause allerdings wurden Zeichen von Veränderung für den zweiten Teil des Abends gesetzt. Während David den ersten Part mit dem Hofer Symphoniker Orchester unter Leitung des israelischen Dirigenten Gil Shohat bestritten hatte, verschwanden nun die Notenständer der Symphoniker, und an ihre Stelle rückten E-Gitarre, Schlagzeug, Piano, Gitarrenständer und ein Hocker für den Maestro.

Danach wirkte alles wie verändert. Das war schon an Davids Klamottenwechsel zu erkennen: Statt Anzug etwas zu große Jeans und schwarzes Sweatshirt, mit denen er ins Scheinwerferlicht trat. Und jetzt kam – neben weiteren klassischen Stücken – auch der Sound, für den Garrett speziell von seinem

jungen Publikum geliebt wird: Musik mit Rock- und Popelementen, geprägt von hoher Improvisationskunst. Diese machte sich unter anderem auch darin bemerkbar, dass Garrett sich vor jedem weiteren Stück mit seiner Band absprach, welches Werk sie denn nun spielen würden.
Das Blatt »Der Neue Tag Weiden« resümierte in seiner Ausgabe vom 18. Juli über jenen Abend: »Irgendwie sah man in David Garrett seinen Bruder, seinen Freund oder seinen Sohn auf der Bühne stehen. Die Herzen und der Applaus flogen dem Mann zu. Die überreichten Blumen allerdings gab der Geiger sofort wieder an seine Fans weiter. Die normale Zugabe reichte diesen nicht aus. Und so spielte der Stargeiger nochmals Musik aus Ungarn. Feurig, peppig und rhythmisch – genau so, wie viele es sich wünschten. Ein guter Künstler wie er versteht es, einen weiten Bogen über die Genres zu spannen. Und das ist Garrett an diesem Abend gelungen.«
Zwischen dem 12. November 2008 und dem 29. Januar 2009 führte seine »Wintertournee« David erneut durch deutsche Konzertsäle. Dieses Mal allerdings hatte er zumindest während der Auftritte Ende 2008 keine Band dabei, sondern lediglich seine alte Bekannte, die großartige Pianistin Milana Chernyavska. Ab dem 10. Januar 2009 gesellte sich dann wieder Davids mittlerweile eingespielte Formation auf der Bühne dazu. Die Hallen, in denen die insgesamt 18 Konzerte stattfanden, waren einmal mehr groß – und wie inzwischen schon traditionell rappelvoll!
Bei den Gastspielen mit der Band war der Rockanteil noch größer als bei den Konzerten einige Monate zuvor. Besonders Garretts Versionen von »Thunderstruck« (AC/DC) oder »Who Wants To Live Forever« (Queen) waren die Lieblingsstücke speziell des jungen Publikums.

Die Solokonzerte mit Milana Chernyavska Ende 2008 waren allerdings rein klassischer Natur. David begann sie mit der Violinsonate G-Dur op. 96 von Ludwig van Beethoven – diesen Tönen rigoroser Zurückhaltung verlieh die famose Pianistin mit ihrem Spiel die zeitlupenhafte Schönheit eines Schneetreibens. Garrett forcierte während der Konzerte wie so oft Unbekümmertheit und Spontaneität. Rockmusik allerdings war an diesen Abenden nicht gefragt.
Dieses Mal gab es nicht nur durchgehendes Wohlwollen, sondern durchaus auch einige kritische Stimmen aus der Presselandschaft zu diesen Gastspielen. So schrieb die »Neue Westfälische Zeitung« nach Davids Auftritt in Bielefeld in ihrer Ausgabe vom 18. November 2008: »Den Geschmacksnerv der Zuhörer vermochte David Garrett erst in der zweiten Konzerthälfte vollends zu treffen, war diese doch vergleichsweise virtuos und somit auf die Erwartungen der Zuhörer zugeschnitten. Dass Garrett über technisch ausgereifte Fertigkeiten verfügt, bleibt ohne Zweifel. Der Dialog mit seiner Klavierpartnerin hingegen geriet weniger intuitiv und auffällig oft aus dem Gleichgewicht. Da mangelte es an gemeinsamem Empfinden und Gestalten.«
Der Autor allerdings gab zum Ende seines Artikels auch zu: »Der Begeisterung des Publikums tat das keinen Abbruch. Nach jedem Satz brandete Applaus auf. Viermal mussten Garrett und Chernyavska zurück auf die Bühne. Als dem Duo die Zugaben ausgingen, setzte Garrett mit einem Satz aus einer Solo-Partita von Bach den Schlusspunkt.«
Einigen Zeitungskritikern fiel nach den »Recital«-Konzerten Ende 2008 auf, dass David Garrett live nicht zwangsläufig der charmante Plauderer sein muss, als der er bislang häufig dargestellt worden war und er sich auch selbst stilisiert hatte, sondern dass er seine Musik auch ohne launige Zwischenansagen

vortragen kann. So etwa schrieb die »Berliner Morgenpost« in ihrer Ausgabe vom 21. November 2008 leicht verwundert über Garretts Auftritt in der deutschen Bundeshauptstadt: »Keine Jeans diesmal. Kein hängender Hosenboden. Erst recht keine netten Plaudereien zwischendurch. David Garrett, der omnipräsente Crossover-Geigenstar, wirkte bei seinem Kammermusikauftritt in der Philharmonie wie ausgewechselt. Mit konventionellem Ernst und einer ordentlichen Portion Lampenfieber trat er vor seine sichtlich irritierten Fans.«

Auch die »Sächsische Zeitung« stellte drei Tage später beim Konzert von David in Dresden Irritationen im Publikum fest: »Garrett hat eine Mission«, war da zu lesen, »die Ohren eines Massenpublikums für klassische Musik zu öffnen. Mit einem ausverkauften ›Kulturpalast‹ kam er seinem Ziel einen Schritt näher. Doch bereits die leere Bühne – nur ein einsamer Flügel ziert die Front – lässt die Hoffnungen jenes Publikums schwinden, das eine gründlich durchgestylte Show mit beliebten Gassenhauern erleben will. Garretts Interpretationen der Stücke von Michael Jackson oder AC/DC blieben unangetastet. Offenbar wurde im Vorfeld nicht eindeutig genug kommuniziert, dass Garrett ein rein klassisches Programm in Kleinst-Besetzung darbietet.«

Dennoch: Der Großteil des Publikums verhielt sich bei jenen Auftritten wohlwollend und quittierte das Dargebotene mit energischem Klatschen. Lediglich der beinahe komplette Verzicht auf Ansagen Garretts, wie man sie bislang von ihm gewohnt war, stieß auf eine gewisse Missbilligung. Diesen Leuten kam es vor, als würde der musikalische Grenzgänger und Mittler zwischen Pop-Charts und Klassik es versäumen zu vermitteln.

In einem Gespräch mit der Internet-Homepage des Wochenmagazins »Die Zeit«, veröffentlicht am 7. Januar 2009, versuchte David allerdings wieder klarzustellen, dass sein Herz definitiv nicht nur für alteingesessene klassische Musik schlägt. Darin ging er vor allem auf seine Crossover-Konzerte ein, die drei Tage später zusammen mit der Band starten würden und in denen die Rockmusik durchaus ihren festen Platz hat. Er sagte zwar in dem Interview: »Dieses Crossover-Projekt war nur als Ergänzung zur Klassik gedacht.« Auf der anderen Seite stellte er klar und deutlich fest: »Man darf nicht vergessen, dass Musik auch Unterhaltung ist. Ich finde, sie darf keine stille Kunst sein. Musik ist keine Religion. Um sie zu genießen, braucht es keine Andacht. Musik ist etwas Großartiges, man muss aber immer noch die Freiheit haben, sich zu ihr zu bewegen. Wer verkrampft im Konzertsaal sitzt, der kann seine Emotionen nicht wirklich ausleben. Wenn jemand klatschen will, bin ich der Letzte, der ›psst‹ sagt. Das wäre ja unmenschlich.«

Und David stellte im selben Interview auch unmissverständlich fest: »Die ältere Generation denkt oft, die Jüngeren hätten keine Ahnung von Kultur. Aber wenn sich niemand die Mühe macht, ihnen das Verständnis dafür näherzubringen, wird sich nie etwas daran ändern. Die Älteren sollten nicht vergessen, dass auch ihnen jemand geholfen hat, die klassische Musik zu verstehen.«

Der zweite Teil der »Wintertournee« – also derjenige zusammen mit der Band – klang jedenfalls wieder nach dem David Garrett, den die junge Generation in ihr Herz geschlossen hatte. Zwar gab es kaum Änderungen im Programm zu den »Recital«-Auftritten unmittelbar davor. Doch klangen die Stücke wesentlich druckvoller und nicht ganz so steif klassisch.

Obwohl die »Recital«-Konzerte mit Milana Chernyavska Ende 2008 bei der Kritik nicht durchgehend gut ankamen, waren die Pianistin und David zwischen dem 20. und 31. Mai

2009 für elf Gigs erneut auf deutschen Bühnen zu bestaunen. Und: Trotz Befürchtungen im Vorfeld waren die Hallen erneut zum Bersten gefüllt. Die Stationen dieses Mal waren Nürnberg, Hannover, Hamburg, Bamberg, Freiburg, Karlsruhe, Leipzig, Braunschweig, Düsseldorf, Bremen und Köln. Einmal mehr wurden ausschließlich größere Hallen gebucht, in denen mehrere tausend Zuschauer Platz fanden.

In verschiedenen Pressegesprächen erklärte David in jener Phase das ungewöhnliche Leben »on the road«, das er seit einiger Zeit führt. So beteuerte er stetig, dass er sich durch tägliches Üben auf die häufig wechselnden Programme vorbereitet. Und er beschwor gebetsmühlenartig, dass er sich für jedes vorgetragene Stück Zeit nehme, weil er nur dann neue Sachen entdecken und ändern könne.

Besonders freue er sich über die Kinder und Jugendlichen, die seine Auftritte besuchen, verriet er dem »Rheinischen Merkur«. »Ich bin mit sieben Jahren auch in Konzerte gegangen, so gesehen finde ich das ganz normal«, meinte er. »Andererseits ist mir durchaus bewusst, dass es ungewöhnlich ist, aber ich wünschte, es wäre die Norm. Gerade weil man als Kind Musik ganz unmittelbar und intuitiv aufnimmt. Es ist wichtig, das Ohr so früh wie möglich in viele verschiedene Richtungen zu trainieren, also nicht nur Klassik zu hören, nicht nur Pop.«

Trotz Schlafmangels während des permanenten Tourneelebens würde seine Konzentrationsfähigkeit nicht darunter leiden, erzählte Garrett demselben Blatt: »In dem Moment, in dem du die Geige in der Hand hast, bist du in dieser Glocke drin, und dann konzentrierst du dich auch. Klar ist das manchmal etwas schwieriger, aber es ist mir noch nie aufgefallen, dass man deswegen schlechter spielt. Man muss sich halt ein bisschen mehr anstrengen, das ist richtig.«

Das Üben jedenfalls werde auch auf Tournee keinen einzigen Tag vernachlässigt, verriet David der »Braunschweiger Zeitung«. »Selbst dann nicht, wenn ich mit meiner Band unterwegs bin«, sagte er. »Bei diesen Crossover-Konzerten ist die Geschmeidigkeit genauso wichtig, denn alles soll ja besonders leicht wirken. Wenn man sehr gut spielen will, muss man denselben Aufwand betreiben, egal ob es für ein klassisches oder ein Crossover-Konzert ist. Man will ja schließlich zeigen, was man alles mit dem Instrument machen kann.«

Bei diesem Gespräch ging Garrett auch auf die Frage ein, ob er Profi genug ist, ein sogenanntes romantisches Stück zu intonieren, ohne sich dabei romantisch zu fühlen. Dafür sei man eben Profi, lautete die Antwort, schließlich müsse ein Schauspieler auch weinen können, ohne dabei traurig zu sein. »Man muss bei aller Emotionalität sehr kontrolliert sein, wenn man Musik macht«, war David sicher. »Da darf man nicht den Verstand ausschalten und sich selbstverliebt nur seinen Empfindungen hingeben.«

Allerdings gab der junge Violinist zu, dass es durchaus Konzerte gibt, bei denen man als Künstler einen emotionalen Kick nach dem anderen auf der Bühne bekommt. Aber das sei auch nicht einfach nur aus einer momentanen Stimmung geboren, sondern habe mit einer guten Vorbereitung zu tun.

Eine gewisse Portion Lampenfieber habe er durchaus, jedes Mal, wenn er auf eine Bühne steigt, verriet Garrett den Medien. Nicht aufgeregt zu sein wäre für ihn nicht das Richtige. Er habe Vorfreude auf jedes Stück, das er spielt. Schließlich sei er jedes Mal gut vorbereitet, wenn er live auftritt. Dadurch muss er beim Konzert nicht zu viel denken, sondern kann sich ganz der Musik hingeben.

Nach den »Recital«-Konzerten in Deutschland reiste der rastlose Tausendsassa Garrett zunächst wieder für einige Gigs in die USA. Im Juli 2009 hatte er – zurück in Europa – einige denkwürdige Auftritte an ganz besonderen deutschen Orten: Am 8. Juli etwa gastierte er mit dem Bruckner Orchester Linz in der Industriekathedrale St. Ingbert, einen Tag darauf mit Band und Orchester bei den Dresdner »Filmnächten am Elbufer«, am 14. Juli im Saalbau der Philharmonie Essen und wiederum drei Tage danach in dem ehrwürdigen Schloss Salem. Allesamt wurden die Auftritte zu berauschenden Vorstellungen: für die Künstler wegen des Ambientes, für die Besucher wegen der Musik! Zu guter Letzt war David auch noch künstlerischer Berater der »Musikfestspiele Saar« und gab aus diesem Anlass am 14. Juni 2009 in Saarbrücken ein – selbstverständlich ausverkauftes – Konzert.

Vom 12. bis 27. Januar 2010 führte seine Tour »Classic Romance«, benannt nach seinem am Ende des Vorjahrs erschienenen Album, David quer durch 14 deutsche Städte. Er hatte beinahe täglich Auftritte, und die Säle, in die stets mehrere tausend Besucher passten, waren einmal mehr durchweg ausverkauft. Tourstart war in Hamburg, dann ging es durch die Republik über Köln, Erfurt und München bis hin zur Endstation Berlin. Die Staatskapelle Weimar unter Leitung des alten Freundes George Pehlivanian samt Band begleitete den charmanten Violinisten auf den meisten dieser Konzerte.

Am 24. Januar gastierte der smarte Deutschamerikaner in der renommierten Konzerthalle am Gasteig in München. Die Münchner »Abendzeitung« veröffentlichte zwei Tage darauf die folgende, nicht allzu schmeichelhafte Kritik: »Ein Candle-Light-Dinner mit David Garrett?«, fragte sich Autorin Sarah Hilgendorff. Und beantwortete die Frage gleich mit ihrem nächsten Satz: »Da sagt man nicht nein! Der Geiger traf sich auf ein Stelldichein mit mehr als 2000 Münchnern und spielte ihnen bei Kerzenschein ein Ständchen von Schubert aus sei-

nem Album ›Classic Romance‹ im Gasteig. Damit lieferte er, was er am besten kann: locker flockiges Entertainment. Das Publikum ist erleichtert über den Wiedererkennungswert der Musik und schmunzelt über Garretts Anekdoten.
Alles ist schön und gut. Geigerisch lässt sich kaum etwas aussetzen. Mit unzähligen Glissandi und kleinstmöglichen Melodiebögen produziert er einen süßlichen Ton, der wunderbar auf die Schmonzetten passt. Wie man sich aber an Sahnekuchen überessen kann, so hat man auch diese Klangfarbe irgendwann satt. Vor allem, wenn es um Stücke wie Rachmaninows ›Vocalise‹ geht, die Prägnanz und Innigkeit fordert. Garretts zierlicher Geigenton braucht dann doch den Verstärker, den er aus den großen Hallen gewöhnt ist.
Mit der Moderation droht die Dramaturgie des Abends zu zerbrechen. Garretts Erlebnisse mögen zu Filmmusik aus ›Fluch der Karibik‹ passen. Bei Mendelssohns Violinkonzert wünscht man sich etwas mehr Tiefgang. Garrett rühmt sich, ein der Klassik fernes Publikum zu locken. Warum nicht die Gelegenheit nutzen, den Neulingen einen Einblick in die Werke zu geben?
Als Geschichtenerzähler läuft er Gefahr, die Linie zwischen berechtigter Unterhaltungsmusik und Klassik im engeren Sinn zu verwischen. Wenn die neu arrangierte Streicherbegleitung für Dvořáks ›Humoresque‹ verdächtig an Coldplays ›Viva la vida‹ erinnert, bekommt das Publikum kaum ein Bild von klassischer Musik.«
Von solchen Kritiken – welche aber die Ausnahme bildeten – unbeeindruckt, ging es weiter im wilden Tournee-Karussell des David Garrett: Zwischen Mitte Februar und Anfang April 2010 machte der Virtuose mehrere kanadische und amerikanische Konzertsäle in Begleitung seiner Band »unsicher«. Gleich darauf kehrte er für eine weitere »Recital«-Tournee

nach Deutschland zurück. Die Daten: 28.4. Essen, 29.4. Wuppertal, 30.4. Düsseldorf, 1.5. Duisburg, 3.5. Karlsruhe, 4.5. Ulm, 5.5. Heilbronn, 6.5. Würzburg, 8.5. Bielefeld, 9.5. Bochum, 14.5. Leipzig, 16.5. Dresden. Davids Begleiter am Piano war der französische Pianist Julien Quentin.

Dieses Mal waren die »Recital«-Auftritte im Gegensatz zu denen im Vorjahr sehr entspannt. Immer gegen 20 Uhr wurden die Lichter im Saal gedimmt, so dass auf der Bühne nicht viel mehr als Quentins schwarzer Flügel zu sehen war. Dann öffnete sich zumeist eine Seitentür, Garrett schlüpfte herein, bevorzugt in blauen Jeans, weißem Hemd, schwarzem Blazer und Slippern in derselben Farbe. Frenetischer Applaus brandete hoch. Den bekam auch Julien ab, wenn er im nächsten Moment hinter David den Saal betrat. Während der Franzose seinen Platz am Klavier einnahm, machte Garrett es sich auf einem Barhocker bequem.

Bei aller Lässigkeit der Situation war das Programm auch dieser »Recital«-Konzerte rein klassisch ausgerichtet. Die Abende begannen mit dem »Tanz Nr. 5« von Johannes Brahms, der – wie Garrett zu sagen pflegt – kraft der Reduktion auf wenige Musikinstrumente »entweder deine Schwächen gnadenlos offenlegt oder deine Meisterschaft zeigt«. Wenn es nach der Reaktion des Publikums ging, muss Garrett ein Meister dieser Komposition sein, denn die Zuhörer auf den Sitzen lauschten bewegungslos jedem Ton und schienen den Atem anzuhalten. Der Applaus nach Ende des Stücks wollte kaum aufhören.

Das zweite Stück des Abends stammte gleichfalls von Brahms, es war die »Sonate für Violine und Klavier Nr. 3 d-Moll op. 108«. Ein Stück, das David sehr nahegeht, weil es das erste war, das er nach seiner Zeit an der Juilliard School vor Publikum aufführte. Auch bei diesem Werk verharrte das Publikum meist regungslos und mit verträumtem Blick. Die Einzige, die sich neben den Künstlern zu bewegen schien, war eine Dame im kleinen Schwarzen, die Quentins Notenseiten umblätterte, damit dessen flinke Finger nicht einmal für einen klitzekleinen Moment ruhen mussten. David wiederum hielt ständigen Blickkontakt zu seinem Pianisten an diesen Abenden, während er seinen Bogen unermüdlich über die Violine sausen ließ. Im weiteren Verlauf der Konzerte standen u.a. noch Kompositionen von Ravel, Mozart, Beethoven und Paganini auf dem Programm.

Die »Rheinische Post« vom 3. Mai 2010 stellte über Garretts »Recital«-Konzert in Düsseldorf anerkennend fest: »Der Geiger zeigte sich als guter Kammermusiker, denn er gab sich hier keineswegs als Star, sondern als Partner des vorzüglichen französischen Pianisten Julien Quentin. Vielleicht hatte er ein paar Lagenwechsel-Seufzer mehr eingebaut als seine Kollegen, aber es war nichts dem Notentext Fremdes zu hören. Seine Technik und seine Intonation waren sowieso wie stets über jeden Zweifel erhaben. Die Zuhörer waren begeistert: Applaus nach jedem Satz. Garrett, der stets auch neues Publikum in die Konzertsäle bringt, hebt nie den pädagogischen Zeigefinger. Dass die ein oder andere Feinheit in leichtem, aber permanentem Gemurmel unterging, war schade – aber das ist vielleicht der Preis für derlei Popularität.«

Nur wenige Wochen nach Ende der vielumjubelten und ausverkauften »Recital«-Tournee fand das für David Garrett wichtigste Konzert seiner bisherigen Karriere in Deutschland statt. Nachdem im Frühjahr 2010 bekannt gegeben worden war, dass David samt Band und großem Orchester einen Auftritt in der Wuhlheide geben würde, waren die 15 000 Eintrittskarten dafür binnen weniger Tage verkauft.

Die Kindl-Bühne Wuhlheide, wie das Gelände offiziell heißt,

ist eine legendäre, unter Denkmalschutz stehende Open-Air-Spielstätte in Form eines Amphitheaters. Sie liegt im zu Berlin-Oberschöneweide gehörenden Volkspark Wuhlheide im Bezirk Treptow-Köpenick. Unbestuhlt verfügt die Kindl-Bühne über 17 000 Besucherplätze, mit Sitzgelegenheiten finden immerhin noch gut 15 000 Einlass.

Zur DDR-Zeit fanden in der vom Volksmund schlicht Wuhlheide genannten Stätte viele politische wie auch kulturelle Veranstaltungen statt. Nach dem Fall der Berliner Mauer 1989 befand sich die Freilichtbühne allerdings in einem desolaten Zustand und konnte kaum noch genutzt werden. Gleichwohl steht sie seit dem 25. August 1990 im wiedervereinten Berlin unter Denkmalschutz.

In den Jahren 1996/1997 wurde die Spielstätte grundlegend saniert und modernisiert. Der Bühnenraum mit einer Fläche von 22,5 x 16 Metern erhielt ein permanentes Zeltdach auf einer Stahlkonstruktion; darin können bis zu 16 Tonnen an zusätzlicher Last – etwa Licht und Ton – aufgehängt werden. Auch alle notwendigen Funktions- und Nebenräume sowie die Infrastruktureinrichtungen, wie beispielsweise Toiletten, Stromversorgung, Notaggregat, Verkaufseinrichtungen, Besucherbänke und Ähnliches, wurden völlig neu errichtet.

Die Wiedereröffnung als Parkbühne Wuhlheide fand im Juni 1997 mit einem Konzert der Brandenburgischen Philharmonie Potsdam statt. Anfang 2003 wurde die Bühne in Kindl-Bühne Wuhlheide – benannt nach der Brauerei Berliner Kindl – umbenannt. Seitdem sind viele Größen der Rock-, Pop- und eben auch Klassikszene dort aufgetreten, etwa Rage Against the Machine, Metallica und viele mehr. Bisheriger Rekordhalter sind Die Ärzte, die im Sommer 2008 bei sechs ausverkauften Konzerten vor insgesamt mehr als 100 000 Besuchern auftraten.

Und am 8. Juni 2010 würde nun also David Garrett an diesem legendären Ort aufspielen, der im März 2008 mit dem »Live-Entertainment-Award« in der Kategorie »Location des Jahres« ausgezeichnet worden war. Nachdem bekannt wurde, dass die Tickets für das Konzert in beeindruckender Geschwindigkeit verkauft worden waren, ließ sich der Veranstalter etwas für die Tausende von leer ausgegangenen Fans einfallen: Als Dankeschön für sie machte David nach Absprache mit seinen Beratern die Generalprobe am Vorabend des Konzerts kurzerhand öffentlich. Allerdings gingen nur 1500 Karten an die Öffentlichkeit, und auch die konnten nur via Internet bei Davids Konzertveranstaltungsfirma DEAG geordert werden – zum Stückpreis von lediglich zehn Euro. Die Karten für das eigentliche Konzert am Abend darauf kosteten fast das Fünffache.

Die Zuschauer der Generalprobe bekamen nahezu dasselbe Programm wie diejenigen am Abend danach zu hören: dieselbe Mischung aus Klassik, Rock und Pop, dasselbe Licht, die identischen Outfits sowie Band und Orchester. Allerdings gab es doch einen kleinen Haken an dem Sonderpreis-Auftritt: Die Veranstalter wiesen bereits im Vorfeld darauf hin, dass David Garrett Lieder vermutlich mittendrin abbrechen würde, wenn ihm etwas nicht gefiel, um sie neu zu beginnen. Und so kam es gelegentlich auch.

Die Generalprobe wie auch der »reguläre« Konzertabend standen unter dem Motto »Rock Symphonies« – der Titel von Garretts nächstem Album, das im Herbst 2010 auf den Markt kommen sollte. Beide Veranstaltungen wurden in Kooperation von DEAG und ZDF mitgeschnitten. Das ZDF strahlte am 9. Juli 2010 eine einstündige Sendung mit den Highlights aus, moderiert von Eva-Maria Grein und unter der Regie von Frank Hof.

Die Generalprobe entwickelte sich zu einem Highlight für die nicht unbeträchtliche Anzahl beinharter David-Garrett-Fans. Es wurde zu einem sehr besonderen, beinahe intimen Fest, wenn auch unter freiem Himmel. Inmitten eines kleinen Halbrunds war es ein einzigartiges, kaum je wiederholbares Ereignis, den Superstar in relativ kleinem Kreis aus nächster Nähe zu sehen.

Eine weitere Besonderheit dieses Abends war, dass das anwesende Publikum kein durchgestyltes, perfekt funktionierendes Konzert sah, sondern all das hautnah miterlebte, was eine Probe, zumal verbunden mit Fernseh- und Videoproduktion, ausmacht: ein die Frisuren zerzausender Wind, eine in zu dünne Kleidung verpackte, vor Kälte zitternde ZDF-Moderatorin, Moderationswiederholungen, klemmende bis gar nicht funktionierende Mikrophone, fehlende Handtücher und Getränkeflaschen, Dialoge mit einem unsichtbaren Regisseur und andere produktionstechnisch bedingte Widrigkeiten. Schließlich auch An- und Abmoderationen samt frenetischem Beifall des Publikums, obwohl das angekündigte Stück gar nicht gespielt wurde.

Trotz der Befürchtung, dass »hier gleich der Strom abgedreht wird«, kämpfte David im letzten Drittel des Abends gegen die stetig fortschreitende Zeit. »Wenn ich ein Stück ansage, will ich es auch spielen«, trotzte er dem Regisseur. So musste er letztlich nur auf zwei Titel des »regulären« Programms verzichten. Mit einem Lächeln und einem bittenden »Please!« machte er das Publikum jedenfalls rasch zu seinem Verbündeten.

Dann gab es den Schlussbeifall, den letzten Titel, Moderation, Geigenbogen ansetzen, Geigenbogen absetzen, nochmals jubelnden Applaus. Und schon war ein viel zu kurzer, ungewöhnlicher Abend vorbei.

Da sowohl Generalprobe als auch Konzert nicht nur für das ZDF, sondern zusätzlich auch für den amerikanischen Fernsehsender PBS sowie für eine weltweit erscheinende DVD aufgenommen wurden, moderierte David seine Ansagen in Englisch, was aber für das Berliner Publikum kein Problem war.
Die Stücke, die Garrett am 7. und 8. Juni präsentierte, stammten teilweise von seinen bekannten CDs, teilweise waren sie der Platte »Rock Symphonies« entnommen, die zum damaligen Zeitpunkt noch nicht auf dem Markt war.
Der 8. Juni 2010 in der Wuhlheide war ein anderer als derjenige zuvor. Schließlich handelte es sich dabei um den offiziellen Konzertabend. David Garrett hatte schon durch die Auswahl seiner musikalischen Mitstreiter dafür gesorgt, dass es ein besonderes Konzert werden würde. Als Orchester hatte er die Neue Philharmonie Frankfurt an seiner Seite, unter Leitung des holländischen Dirigenten Franck van der Heijden. Garretts Band an diesem Abend bestand aus dem Keyboarder und Pianisten John Haywood, dem Schlagzeuger Jeff Lipstein, dem Bassisten Jeff Allen und dem Gitarristen Marcus Wolf. Als Gast wirkte die bildhübsche australische Gitarristin Orianthi mit.
Das Programm des Abends hätte bunter nicht sein können und machte seinem Motto »Rock Symphonies« alle Ehre. Gestartet wurde der erste Teil mit dem Led-Zeppelin-Klassiker »Kashmir«, gefolgt von Johannes Brahms' »Ungarischem Tanz Nr. 5«. Danach »He's A Pirate«, die Titelmelodie aus dem Kinostreifen »Fluch der Karibik«, und ein moderner Klassiker, nämlich Paul McCartneys »Live and Let Die«, vermengt mit Franz Schuberts »Serenade«. So ging es munter weiter im ständigen Zickzack zwischen Moderne und Tradition: Guns N' Roses trafen auf Vittorio Monti, Michael Jackson traf auf auf Pablo de Sarasate.

An diesem so wilden wie überzeugenden Konzept änderte auch der zweite Teil des Abends nichts: Da hatten es Toto mit Rachmaninow, Jimi Hendrix mit Vivaldi und Status Quo mit Grieg zu tun.

Die Begeisterung für das Spektakel kannte in jener Nacht keine Grenzen, was sehr schön in einer hymnischen Rezension der Internetseite flash-it.com nachzulesen ist: »Geige trifft auf Metallica – wer glaubt, das geht nicht, sollte sich einen Abend mit David Garrett gönnen. Das Programm war so bunt durchmischt wie das Publikum. Von 6 bis 60 und aufwärts war vermutlich jede Altersklasse vertreten.

Die Bühnenshow war nicht Mittelpunkt, sondern schmückendes Beiwerk und nicht zu überladen. Wobei die Lichtershow erst in der zweiten Hälfte so richtig zur Geltung kam, nachdem es langsam dunkel geworden war. Viel zu früh um 21 Uhr gab es eine halbstündige Pause. Tatsächlich allerdings war erst nach 23 Uhr Schluss, mehrere Zugaben inklusive. 2,5 Stunden Genuss pur!«

Für David war ein großartiger und ganz besonderer Konzertabend am 8. Juni 2010 zu Ende gegangen. Und trotzdem war es letztlich nur ein Vorgeschmack auf seine »Rock Symphonies«-Tournee, die ihn mit derselben Band, demselben Dirigenten und demselben Orchester zwischen 31. Oktober und 21. November 2010 (Stand der Termine bei Redaktionsschluss dieses Buches im Sommer 2010) einmal mehr quer durch Deutschland und dessen Konzerthallen führen würde. Auch das Programm würde laut bisherigen Aussagen nahezu identisch sein. Und: Bei Redaktionsschluss dieses Buches waren dafür bereits mehr als 150 000 Eintrittskarten verkauft.

TEIL 1

Kashmir (Led Zeppelin)
Ungarischer Tanz Nr. 5 (Johannes Brahms)
He's A Pirate (»Pirates of the Carribean«)
Live And Let Die (Paul McCartney)
Serenade (Franz Schubert)
Navarra (Pablo de Sarasate)
Smells Like Teen Spirit (Nirvana)
Csárdás (Vittorio Monti)
Duelling Banjos (»Deliverance«)
November Rain (Guns N' Roses)
Mission Impossible (»Mission Impossible«)
Walk This Way (Aerosmith)
Medley und Smooth Criminal (Michael Jackson)

TEIL 2

Child's Anthem (Toto)
Vocalise (Sergei Rachmaninow)
Sommer (3. Satz des Sommers aus »Die vier Jahreszeiten«, Antonio Vivaldi)
Peer Gynt Suite (Suite Nr. 1, »In der Halle des Bergkönigs«, Edvard Grieg)
Adagio (Tomaso Albinoni)
Bicycle Race (Queen)
Zorba's Dance (»Zorba the greek«, K.: Mikis Theodorakis)
Humoresque (Antonin Dvořák)
Little Wing (Jimi Hendrix)
Asturias (Isaac Albéniz)
Master Of Puppets (Metallica)
I'll Stand By You (The Pretenders)
Rocking All Over The World (Status Quo)
Thunderstruck (AC/DC)

Aber das ist kein Wunder, denn David Garrett ist zu einer Konzertsensation geworden. Mit schier unermüdlicher Disziplin, mit Feinfühligkeit für die Stücke, die er spielt, und mit einer besonders herzlichen Verbindung zu den Menschen vor der Bühne schafft es der Saitenmeister immer wieder, sein Publikum in seine Welt der Musik zu entführen.

Amourös

DAVID UND DIE LIEBE

David Garretts weltweiter Erfolg, sein Ruf als Konzertsensation, seine Beliebtheit, sein freundliches Wesen und sein Aussehen machen ihn nicht nur für sein Publikum attraktiv. Genauso magnetisch wirkt er auf die Medien. Sie wollen, wie die Öffentlichkeit generell und natürlich speziell seine Fans, alles über ihn erfahren, und nicht nur das, was seine Arbeit als Musiker angeht.

Besonders auf das Privatleben des gebürtigen Aacheners hat es die Boulevardpresse abgesehen, schließlich sorgt er auch stetig für Nachschub an Klatschmeldungen – durch seinen Ruf als Womanizer und Frauenschwarm.

Tatsächlich soll der Crossover-Geiger jede Woche zwischen 50 und 100 E-Mails von seinen überwiegend weiblichen Fans bekommen, denn die Damenwelt ist nicht nur von seinem Geigenspiel hingerissen, sondern ganz besonders von seinem Charme, seinem guten Aussehen und seiner männlichen Ausstrahlung.

Davids Verehrerinnen befinden sich im Alter zwischen 17 und 35 Jahren, aber es gibt auch ältere Bewunderinnen, die manchmal auf merkwürdige Ideen kommen. So wurden vor einem Konzert im Tempodrom in Berlin 2008 zwei Damen, die die 50 schon überschritten hatten, dabei gesichtet, wie sie von einer Scheibe im Veranstaltungsgebäude ein Ankündigungsplakat entfernten, auf dem David Garrett, in rockiglässiges Outfit gekleidet, mit gewinnendem Lächeln für sein Konzert warb. Die beiden Frauen kratzten das Klebeband ab, rollten das Plakat behutsam zusammen und verschwanden mit ihrer Beute klammheimlich vom »Tatort«.

Kein Zweifel, die Damenwelt hat David Garrett längst für sich entdeckt, und umgekehrt genauso – obwohl dieser Weg bei dem Stargeiger erst spät begann. Der Frauenliebling war, was die Entdeckung des anderen Geschlechts anging, ein Spätzünder, denn im Teenageralter, in dem andere als pubertierende Jünglinge auf Partys gehen und auch bei so ziemlich jeder anderen Gelegenheit Annäherungsversuche an die holde Weiblichkeit starten, wurde David zurückgehalten. Wie »Frau Aktuell« am 11. November 2009 berichtete, bewahrten ihn seine Eltern davor. Sie waren besorgt, dass das damalige »Wunderkind« durch derlei Kontakte zu sehr vom Geigespielen abgelenkt werden könnte. Und so erlebte David mit 18 Jahren seinen ersten Kuss.

Der Violinist holte aber rasch nach, was er in der Zeit zuvor versäumt hatte, und schaute sich in den folgenden Jahren in der Damenwelt um.

Dann, noch zu seinen Studienzeiten an der Juilliard-Musikschule, erlebte David den großen Blitzschlag in Sachen Liebe. Er lernte 2004 das dunkelhaarige US-Model Chelsea Dunn in New York kennen und lieben und war mit ihr eine Zeitlang zusammen. Ihr widmete er später auf dem Album »Encore« das Lied »Chelsea Girl«, das David eigens für sie komponierte hatte. Im Booklet der CD schreibt er, dass sie sein Herz anders schlagen ließe. Er hatte sogar, wie im Magazin »Ma-

donna« zu lesen war, »Angst, süchtig nach Chelsea zu werden«.
In der TV-Show »Zimmer frei!« vom 11. Januar 2009 mit den Moderatoren Christine Westermann und Götz Alsmann erklärte David, dass der Song für Chelsea für ihn »therapeutisch« war, um »diese Beziehung aufzuarbeiten«. Und er sagte, dass die Amerikanerin ihn inspiriert hätte, wie überhaupt Frauen für ihn eine Motivation sind, musikalisch kreativ zu sein. Das unterstrich der Violinstar in einem Interview mit dem »Rheinischen Merkur« vom 12. Juni 2008. Der Musiker meinte dabei aber nicht Inspiration durch die Erotik, sondern durch Liebesemotionen: »Diese Glücksgefühle, die du hast: Man will besser sein, als man eigentlich ist, und man hat plötzlich ganz andere Pläne und Motivation ... Das muss in die Musik einfließen.«
Trotz seiner starken Gefühle für Chelsea war David über seine Beziehung zu ihr verunsichert. Im Magazin »Seitenblick« sinnierte er im Mai 2009 darüber, dass sie eigentlich gar nicht richtig seine Freundin gewesen sei. Er schwächte ihre Verbindung ab, indem er sagte, es sei nur eine »Affäre« gewesen. Die allerdings habe von Anfang an unter keinem guten Stern gestanden, und es sei klar gewesen, dass sie wieder auseinandergingen. Dann erklärte der Geiger, wie viel er für das Model fühlte und wie sehr er seiner damaligen Herzdame nachtrauerte: »Natürlich war ich in sie verliebt. Aber der Mythos, dass man mit der Musik jemanden erobern kann – alles Bullshit! Man kann Frauen auf diese Art zwar beeindrucken, das ist schön und romantisch, aber zurück kommen sie deshalb auch nicht.«
Ganz scheint er von seiner College-Liebe nicht losgekommen zu sein. Im November 2008 trat er in Halle an der Saale bei der Aufzeichnung der ZDF-Spendengala »Hand in Hand« auf, in der Prominente für die Deutsche Krebshilfe sammel-

ten und auf die stolze Summe von über vier Millionen Euro Spendenzusagen kamen.
Während die Kamera lief, überraschte ihn Chelsea mit einem Besuch. David konnte es kaum fassen und sagte der »Berliner Morgenpost«: »Ich bin ja selten sprachlos.« Doch in diesem Moment fehlten dem Stargeiger die Worte. Nach der TV-Show verbrachten die beiden den Abend zusammen im Studio und unterhielten sich. Schon damals fragte die »Berliner Morgenpost«: »Comeback für die Liebe?«
Diese Gerüchte wurden genährt, als David und sein »Chelsea-Girl« am 4. März 2010 turtelnd auf der Verleihung der »Swiss Music Awards« im Züricher Schiffbau gesichtet wurden. Ein paar Minuten vor 20 Uhr, kurz bevor die Veranstaltung startete, eilte David noch schnell in den Saal – in Begleitung einer blonden Schönheit. Er versuchte dabei, nicht erkannt zu werden. Doch die Presseleute erkannten ihn natürlich, genauso wie die Dame an seiner Seite: Chelsea Dunn.
Nach der Verleihung stahl er sich an den Reportern vorbei, so auch an der Schweizer Zeitschrift »Blick«, und erklärte nur kurz ins Mikrophon: »Wir sind privat hier.« Auf die Frage, ob die Tatsache, dass er mit Chelsea dort auftauchte, ein Beweis für ihre neu entflammte Liebe sei, antwortete er nur trocken: »Kein Kommentar.«
Kurze Zeit darauf sah man, wie sich die beiden auf der After-Show-Party der »Swiss Music Awards« in einer schummrigen Ecke des VIP-Zeltes verliebte Blicke zuwarfen. Gemeinsam verließen sie gegen 23 Uhr die Party.
Ist sie nun seine große Liebe, von der man sagt, dass sie einem nur ein- oder vielleicht auch zweimal im Leben über den Weg läuft? Dazu schweigt David.
Seinen Weg als Partnerin gekreuzt hat jedoch nicht nur Chelsea Dunn, wie man der Boulevardpresse entnehmen

konnte. So hatte er im Winter 2008/2009 eine Beziehung mit einem anderen US-Model: Tatjana Gellert.
Doch ihre Verbindung ging nach kurzer Zeit in die Brüche, was vor allem an Davids permanentem Zeitmangel lag. Und das war Gift für ihr Zusammensein, das viel zu wenig stattgefunden hat, als dass sich die Beziehung hätte stabilisieren können.
David und die Frauen – das scheinen immer wieder nur kurze Kapitel in seinem Leben zu sein. Wie David selbst von Stadt zu Stadt, von Konzert zu Konzert eilt, sich immer nur kurz an einem Ort aufhält, ist er offensichtlich genauso in der Liebe ständig auf der Durchreise. Und in dieser Weise scheint er sich auch zu ver- und entlieben, wenn man einem Artikel der »Bild«-Zeitung vom 10. Oktober 2009 glauben darf. In einem Interview soll David gesagt haben, dass er sich rasch verliebt, das aber auch schnell wieder vergehen kann: »So kurz und leidenschaftlich die Flamme des Verliebtseins bei mir aufflackert, so schnell erlischt sie auch wieder.«
In einem Interview mit der Zeitung »The Times« vom 1. März 2008 berichtete David, dass er in jeder Stadt, die er besucht, eine Freundin habe. Und der Musiker ergänzte, dass dies für ihn aber nichts Ernsthaftes sei: »Wir sind Freunde. Wenn ich dort bin, rufe ich sie an. Das ist nur Gesellschaft für mich.« Bettgeschichten sind das für David allerdings nicht.
Allerdings greifen die Medien gerne das Bild vom Liebeswanderer auf, weil Interview-Äußerungen von David in dieser Richtung die erotischen Phantasien vor allem seines weiblichen Publikums aufheizen. Da bekommt sogar die harmlose Antwort auf die Frage der »Deutschen Welle« am 16. Oktober 2008, wie für ihn ein perfekter Tag aussehe, einen prickelnden erotischen Unterton. David sagte, dass für ihn »DVDs im Bett anschauen in New York« dazugehöre. Und

er fügte hinzu: »Mit einem Mädel neben mir, das wäre natürlich auch nicht schlecht.«
Für die Presse sind solche Sätze ein gefundenes Fressen, und es liegt natürlich auf der Hand, den Musiker in Interviews andauernd und hartnäckig auf ein Thema anzusprechen, das sonst eher Rockstars vorbehalten ist, sprich: Wie sieht es denn mit eindeutigen Angeboten von Groupies aus? Darauf erwarten die Journalisten dann in Pressegesprächen mit dem Wahl-New-Yorker hechelnd eine sensationelle klatsch-und-tratschgeeignete Antwort – und werden enttäuscht.
David grenzt sich ganz deutlich davon ab, die Angebote von Verehrerinnen anzunehmen, die sich gern Stars an den Hals schmeißen. Das ist für ihn zu einer Regel geworden, die er eisern einhält. So erzählte David in einem »Firstnews«-Interview im Februar 2010 von vielen Groupie-Offerten, die ihm auf seinen Konzerten gemacht würden. Doch, so stellt der Violinist zurückhaltend klar: »Ich bin da zu schüchtern zu. Ich könnte da nie … Wie oft ist es mir angeboten worden … ein ganz unangenehmes Gefühl.« Denn, so David Garrett weiter, er will sich lieber um eine Frau bemühen müssen, das ist für ihn spannender: »Es muss ja auch eine Herausforderung sein; wenn es keine ist, ist das für mich einfach uninteressant.« Der Reiz der Eroberung ginge dadurch für ihn verloren.
Wen David am liebsten erobern würde, das weiß er selbst nicht genau. Er hat kein exaktes Bild seiner Traumfrau und bezweifelt, dass für ihn überhaupt solch ein Wesen existiert, jemand, für den er sogar die Musik in den Hintergrund drängen würde. Das betonte er im Gespräch mit »www.womenweb.de« im Frühjahr 2010 kurz und knapp und, wie es scheint, etwas resigniert: »Die gibt es nicht. Es tut mir leid, dass ich das so deutlich sagen muss, aber das wird nie der Fall sein.«

Aber wenn es sie gäbe, würde er die musikalischen Aktivitäten dann doch einschränken, wie er der Zeitung »Bild der Frau« kurz vor Weihnachten 2008 verriet. Er füllte damals einen Fragebogen aus, bei dem er Sätze ergänzen sollte, und er fügte bei »Für die Liebe meines Lebens würde ich ...« hinzu: »beruflich kürzertreten.«
Wie diese Traumfrau aussehen sollte, weiß der Stargeiger nicht. Er hat keinen speziellen Typ Frau, den er bevorzugt, wie er dem Magazin »Elle« im Dezember 2009 erklärte: »Jedes Mal, wenn ich denke, dass ich auf blond oder brünett stehe, kommt da jemand, der ganz anders aussieht und mir trotzdem gefällt.«
Dabei wird zumindest ungefähr klar, wie das Äußere seiner Traumfrau beschaffen sein sollte, wenn man sich vor Augen führt, was er über die Schauspielerin Keira Knightley meint. Als David für die Zeitung »Schweizer Illustrierte« im Juni 2009 eine Liste der »Zehn Dinge, die ich unbedingt tun muss« schreiben sollte, kam darin auch der britische Filmstar vor. Eines dieser Vorhaben war: »Keira Knightley anrufen. Ich will ein Date mit dieser Frau! Am liebsten 24 ungestörte Stunden.« Die 1985 in London geborene Schauspielerin, die u.a. durch die Kinohits »Fluch der Karibik« und »Star Wars: Episode I – Die dunkle Bedrohung« bekannt wurde, hat es David wohl ziemlich angetan.
Doch auch sie wechselt öfter das Aussehen und tritt mal als brünette, sehr schlanke und zerbrechlich wirkende Schönheit, später wieder blond vor die Kameras der Paparazzi. Aber vielleicht mag David gerade dieses Wechselspiel?
Wenn er sich schon nicht auf das Äußere festlegen kann, so hat der Violinist zumindest eine Vorstellung davon, wie er mit seiner Traumfrau zusammenleben möchte: möglichst städtisch. Das sagte David in einer Folge der Radiosendung

»hr 1-Talk« im Juni 2010: »Ich würde mir ein Mädel suchen, das gerne in der Stadt lebt. Haus und Hof auf dem Land wären nichts für mich.« Da hat ihn New York wohl doch schon sehr stark geprägt. Wahrscheinlich sollte seine Herzensdame auch Sinn für Ordnung haben, denn der Musiker mag es »tipptopp und blitzblank«. Wenn der gebürtige Aachener nach Hause in seine New Yorker Wohnung kommt, denkt er schon ans Putzen: »Als Erstes greife ich zu Wischmopp und Staubsauger! Ich packe den Koffer aus und gehe in den Waschsalon.« Und während seine Kleidung die Waschgänge durchläuft, putzt er die Wohnung und bezieht sein Bett neu. Ist das alles erledigt, kann er sich erst entspannen, und das möglichst mit einer Traumpartnerin, die nach Davids Wunschvorstellung eine eigenständige Persönlichkeit ist. Damit meint er zum einen die finanzielle Unabhängigkeit. Zum anderen sollte sie nicht ständig an ihm hängen, wie er im Gespräch mit dem Magazin »In« im Februar 2008 erzählte: »Ich kann niemanden brauchen, der klettet.«

Anziehend findet David an Frauen, wenn sie »Ambitionen und gutes Benehmen in den richtigen Momenten« zeigen, wie er der Zeitschrift »Amica« im Juli 2008 anvertraute. Und der Musiker steht auf spontane, aktive, positiv eingestellte Frauen mit viel Energie, einfach, weil er ständig eine ganze Menge zu tun hat. Pessimistisch gestimmte Miesmacherinnen mag er absolut nicht.

Wenn das alles stimmt, kennt David, laut dem Magazin »Jolie«, die »Liebe auf den ersten Satz«. Das funktioniert bei ihm, wenn er sich gut unterhalten kann. In diesem Fall geht es sehr schnell, und er ist verliebt.

Dann wird's romantisch. Das sieht bei David Garrett so aus, dass er seine Herzdame in ein angemessenes Restaurant ausführt oder, wie er der »Freundin« im März 2009 verriet, gleich auf den Pariser Eiffelturm. Daran hat er gute Erinnerungen, weil der Stargeiger dort, so erzählte er weiter, sein »bisher schönstes Rendezvous« erlebt hat. Zu dieser romantischen Ader passt, was er der Frauenzeitschrift »Amica« im Juli 2008 erzählte, als er gefragt wurde, welches der beste Satz sei, den man sagen kann. David antwortete mit den berühmten drei Worten: »Ich liebe dich.« Und er setzte ernsthaft in Klammern dahinter: »Und es auch so meinen.«

Auch das gehört zur romantischen Seite des Violinvirtuosen: die Ernsthaftigkeit in der Liebe, mit der er auf der Suche nach der richtigen Partnerin ist. Im Herbst 2009 beklagte er in einem TV-Special in der ARD, dass er das ganze Jahr über fast ausschließlich mit Geigespielen beschäftigt sei. Und das verhindert nun mal, die passende Herzdame aufzuspüren: »Ich habe noch nicht das Mädel gefunden, das das mitmacht.« Und er meinte dann aufschlussreich: »Es liegt nicht an mir.« Mit anderen Worten: Er möchte eine Partnerin, an ihm soll es nicht scheitern. Entsprechend erklärte David in dem österreichischen Magazin »Madonna« Anfang September 2009: »Es ist natürlich sehr schön, eine Frau an seiner Seite zu haben.«

Er sehnt sich offensichtlich nach einer Partnerin, aber zur Zeit der Entstehung dieses Buches hat er wohl noch mit der Einsamkeit zu kämpfen, die selbst seine Erfolge nicht überdecken können. Das sprach David im Magazin »Express« vom 2. Oktober 2009 deutlich aus: »Aber niemand ist da – man sitzt spätnachts alleine in seinem Hotelzimmer und guckt Fernsehen.«

Bleibt nur für David zu hoffen, dass er in der Zukunft seine Herzdame findet …

Ausblick

DAVIDS ZUKUNFT

Zweifellos hat es David Garrett bis zum Weltstar geschafft. Seine Alben werden regelmäßig zu Chart-Hits, seine Tourneen sind rasend schnell ausverkauft. Das schaffte er seit 2007 zunächst in Europa und Asien. Doch auch in seiner Wahlheimat USA hat er mittlerweile enorm an Popularität zugelegt.

Außergewöhnlich daran ist, dass David als Interpret klassischer Musik den Status eines Popstars erreicht hat, um den sich nicht nur die Fans und die Medien reißen, sondern ebenfalls die Funktionäre des Musikbusiness.

So ging Mitte Juni 2010 eine Meldung durch die Presse, dass zukünftig der Musikriese »Universal« die Tonträgervermarktung von David Garrett wieder selbst in die Hand nimmt. Der »Deutschen Entertainment AG« (DEAG), die ihm nach seiner New Yorker Auszeit einen neuen Karrierestart ermöglicht hatte, bleibt er zwar weiterhin treu und er verlängerte seinen Vertrag bis 2012. Allerdings führt das Unternehmen nur die Live-Vermarktung fort.

Dass die CD-Veröffentlichungen des Stargeigers nun wieder über den Major »Universal« laufen, ist für David ein Schritt

nach vorn – und ein deutliches Signal, welchen hohen Stellenwert der Wahl-New-Yorker als Chart-Stürmer und Erfolgsgarant mittlerweile in der Musikindustrie hat.
David ist oben angekommen in der Musikwelt. Das ist auch daran zu erkennen, dass er nicht mehr wie in seiner Anfangszeit in New York in einer zu kleinen, heißen und schlecht belüfteten Studentenbude wohnt. Diese Situation hat sich völlig verändert. Zur Zeit der Entstehung dieses Buches bewohnte der Violinstar ein Apartment am Union Square im Flatiron District inmitten New Yorks, etwa zwei Kilometer südlich vom Central Park. Ganz in der Nähe hat David den Gramercy Park und den Union Square Park für erholsame Spaziergänge zur Verfügung.
Sein Apartment umfasst 80 Quadratmeter und hat alles, was David zum normalen Leben braucht: Küche, Bad, Wohn- und Schlafzimmer sowie ein Ankleidezimmer. Eingerichtet hat er sich sehr geschmackvoll und nobel mit eleganten Designerlampen, einem weißen TV-Sessel zum Entspannen und einem Flatscreen-Fernseher in der Größe einer kleinen Kinoleinwand – das alles umrahmt von in Anthrazit gehaltenen Stofftapeten.
David nennt sein Apartment in einem Videoclip, der im Juni 2010 auf stern.de zu sehen war, sein »Heiligtum«. Und in diesem stehen mittlerweile viele Auszeichnungen, wie z.B. die Goldene Kamera, aber nicht, um damit zu protzen, wie David im »Stern«-Clip versichert: »Ich stehe jetzt nicht jeden Tag davor und poliere das und sage, wie großartig bin ich. Es steht zwar da, aber ich glaube, man muss sich jeden Tag aufs Neue am Instrument beweisen.«
Und genau das hat David weiterhin vor. Zwar könnte jemand, der so viel erreicht hat wie der Stargeiger, auf die Idee kommen, es etwas gemächlicher angehen zu lassen und Ruhm,

Anerkennung und das Geld zu genießen. Doch dafür steckt in David Garrett zu viel Energie. Und so hat er sogar für 2011 bereits einen gutgefüllten Terminkalender. Zum Beispiel führt er seine »Rock Symphonies Tour« fort, auf der er seinen treuen alten und neuen Fans eine gekonnte Mischung aus Rock, Pop und Klassik gemeinsam mit seiner erstklassigen Band und einem genauso ausgezeichneten großen Orchester präsentieren wird. Seine Konzertreise führt ihn im Mai und Juni 2011 nach Hannover, Bad Segeberg, Bremen, Stuttgart, Ehrenhof, Wiesbaden, Ludwigslust, Bad Kissingen, Erfurt, Dresden und schließlich nach Halle in Westfalen. Hinzu kommen Auftritte in Österreich und der Schweiz.

Parallel zur Tour, so wird gemunkelt, wird David an einem neuen Klassikalbum arbeiten, das schon im Frühling 2011 herauskommen soll. Das ist natürlich noch nicht alles, denn dem umtriebigen Geiger spuken einige Ideen für Projekte im Kopf herum, die erst realisiert werden wollen.

Eine davon ist, dass David in Zukunft nicht nur als Violinist aktiv sein will, sondern auch als Arrangeur. Er könnte sich außerhalb der Klassik vorstellen, eine Art Geigen-Musical auf die Beine zu stellen. In einem Gespräch mit »Hallo Sonntag« vom 11. März 2009 dachte er laut darüber nach, wie das zu bewerkstelligen sei. Er meinte, dass man sicherlich die Handlung mit Geigenklängen untermalen kann, wobei David nicht während des gesamten Musicals die Geige einsetzen würde, das wäre ihm zu viel: »Die ganze Sache nur mit Geige – das wäre dann doch etwas übertrieben. Vielleicht, dass man die Handlung als Rezitative macht und die Arien als Geigenstücke. So etwas könnte ich mir schon vorstellen.«

Doch auch in der Klassik will er sich als Arrangeur austoben. Er plant, Stücke eines seiner Lieblingskomponisten, Sergei Rachmaninow, neu zu arrangieren. Die Werke, die David bearbeiten will, hat das russische Musikgenie eigentlich für das Klavier geschrieben. Der Violinist will sie nun so arrangieren, dass sie auf der Geige gespielt werden können. Dazu kommt, dass David leidenschaftlich gern Rachmaninows zweite Sinfonie in e-Moll op. 27 dirigieren möchte.

Der breiten Öffentlichkeit weniger bekannt als Rachmaninow ist ein weiterer Favorit Davids, Heinrich Wilhelm Ernst, der als einer der größten Geiger des 19. Jahrhunderts gilt und auch als romantischer Komponist tätig war. David liebt seine Violinsolosonaten und möchte gern Werke von ihm aufnehmen. Bislang ist ihm das nicht gelungen, weil sich keine Plattenfirma damit anfreunden konnte, vermutlich, weil die Stücke von Ernst teilweise den Schwierigkeitsgrad von Paganini-Kompositionen übertreffen und nicht kommerziell genug sind.

Doch von David ist noch mehr zu erwarten als diese Bearbeitungen der von ihm heißgeliebten Komponisten: Er will selbst mehr Musik schreiben und nähert sich diesem Vorhaben von verschiedenen Seiten an.

So hat David mit Gitarrespielen begonnen, um eigene Songs schreiben zu können, die sich nicht über das Ausprobieren mit der Geige erschaffen lassen. Er behauptet zwar, dass er auf diesem Saiteninstrument nicht allzu gut ist, was sich aber bei seinem musikalischen Talent sicherlich noch ändern wird.

Neben diese eher bescheidenen kompositorischen Ideen stellt David jedoch genauso die Vorstellung, Filmmusik zu schreiben. Im Magazin »Ensemble« erzählte der Geiger im Oktober 2008, wie er vom Visuellen zum Akustischen geleitet wird: »Wenn ich fernsehe ..., fällt mir spontan Musik zu den Bildern ein. Musik, die die Bilder widerspiegelt.« Wenn er tatsächlich mal die Töne zu einem Film liefert, sollte es etwas Anspruchsvolles sein, so David weiter: »Ich möchte jetzt

nichts Banales vertonen. Man muss schon wissen, dass es ein interessantes Projekt ist ... Das sind so Sachen, die ich mit Begeisterung machen würde.«
Wenn David diese Projekte erst einmal angeht, wird sich sein gesunder Ehrgeiz wieder einstellen, das Vorhaben nicht nur zu Ende zu bringen, sondern es mit vielen Menschen zu teilen. Darin ist er ein Getriebener, wie David laut der Online-Ausgabe der Zeitung »Express« vom 2. Oktober 2009 selbst bekannte: »Ich habe ein inneres Tier, das immer treten will. Ich bin mir selbst der schlimmste Manager.«
Es ist zu vermuten, dass er diesen Antrieb noch von früher, aus seiner Zeit als populäres »Wunderkind«, ins Erwachsenendasein hinübertransportiert hat – was er seinen Eltern verdankt, die ihn damals, manchmal zu seinem Leidwesen, auf den Weg des Geigenstars geführt haben. Diese Ambivalenz drückte David noch einmal im April 2008 in einem Interview mit dem »Stern« aus: »Ohne jemanden, der drückt, auch wenn es weh tut, kannst du eine gewisse Schwelle nicht überschreiten. Gott sei Dank ist einem das als Kind nicht bewusst.«
Doch es wird einem in späteren Jahren klar. Dennoch spürt David heute, als erwachsener Mann, keinen Groll gegenüber seinen Eltern. Im Gespräch mit dem Magazin »Freundin« im März 2009 erklärte der Musiker, dass sich die Beziehung zu seinen Eltern früher meist um das Geschäftliche oder das Geigespielen gedreht hat. Dadurch wurde eine Distanz geschaffen, die heutzutage geschrumpft ist. »Jetzt ist das Verhältnis eher persönlich als geschäftlich«, erläuterte David. Dann sagte er versöhnlich: »Meine Eltern haben viele Fehler gemacht, aber ich weiß, dass sie stolz auf mich sind.« Und er ergänzte in gleichem Tenor in der »Morgenpost« vom 22. Oktober 2008: »Ohne den Druck meiner Eltern, Lehrer und Manager wäre ich nie so weit gekommen.«

Der Druck von damals hat sich aufgelöst. Dennoch ist David heute ehrgeizig – nur auf eine Art und Weise, die er selbst bestimmt und nicht andere. Er sagte Anfang 2010 in der TV-Show von Oprah Winfrey, dass es ihm nur darum ginge, ein guter Musiker zu sein: »Ich denke an meine Ziele und wie ich auf der Bühne das Beste gebe. Das ist der einzige Druck, den ich habe.« David führte diesen Gedanken in der TV-Sendung »ARTE Kultur« im Juni 2009 weiter aus: »Ich habe viel Ehrgeiz, wenn es um Perfektion, wenn es um meinen Beruf geht. Ich würde mich gar nicht so motiviert fühlen, wenn andere mich drücken würden. Das hält mich eher zurück, dann will ich gar nicht arbeiten. Es muss aus mir herauskommen, und es kommt dann auch aus mir heraus.«

Dabei hat David ebenso eine andere Seite, die ihn ganz von Stress, ehrgeizigen Plänen und Verpflichtungen abrücken lässt. Er verriet dem Straßenmagazin »draußen!« Anfang 2010, dass er »faul sein« und »auch loslassen kann«. Und er fuhr fort: »Ich bin immer froh, wenn ich mal weniger zu tun habe und etwas weniger Verantwortung meinem Beruf gegenüber.«

Das kann er nun selbst wählen. Keiner zwingt ihn dazu. Die Entscheidung, einen Plattenvertrag zu unterschreiben oder auf Tournee zu gehen, ein Interview zu geben oder Party zu machen, trifft er ganz allein. Das Korsett von damals, aus seinen Tagen als Kinderstar, hat David abgelegt – und er ist sich dessen offensichtlich sehr bewusst.

Wenn er selbst mal Kinder hätte, würde er ihnen solch einen Druck, Karriere zu machen, nicht zumuten. Er lehnte das wiederum im Interview mit »draußen!« ganz klar ab: »Nein, das würde ich nicht … Im Endeffekt muss das jeder selber entscheiden, aber ich habe da meine Vorbehalte.« Und genauso eindeutig sagte David in »Woche heute« im Dezember 2008: »Ich würde auf meine Kinder sicher weniger Druck ausüben,

als es meine Eltern getan haben … Bei meinen Kindern würde ich die Erziehung wahrscheinlich ein wenig lockerer sehen.«
Er würde es anders machen, vor allem, weil er seine Kinder glücklich sehen möchte, wie er in einem Gespräch mit dem »Stern« aus dem April 2008 sinnierte. David erläuterte, dass die meisten, die durch die harte Schule mit der Aufschrift »Wunderkind« gehen, alles andere als zufrieden sind: »Von 1000, die durch so was gehen, enden 999 todunglücklich. Das Risiko ist schon verdammt hoch, das will man seinen Kindern nicht antun.«
Dass der Musiker mal Kinder haben möchte, sagte er dem Magazin »Madonna« im Spätsommer 2009: »Später will ich eine Familie gründen.« Doch das geht wohl erst, wenn er nicht mehr von Konzert zu Konzert hetzt und ein wenig kürzertritt. Das ist trotz des Erfolgs, der Anerkennung und Popularität ein Wunsch, den David manchmal äußert, wie etwa in einem Artikel von »Germanwingsmag« 2009: »Ich hoffe, dass ich einmal die Ruhe mitbringe, zu Hause entspannen zu können, und einen annähernd geregelten Alltag habe.« Denn er hat die Befürchtung, dass sein Körper dem ganzen Stress irgendwann nicht mehr gewachsen ist.
Doch vorerst setzt er sich für seine Mission ein: die Menschen in die Musikwelt zu entführen. Dabei folgt ihm ein treues Publikum, wobei jüngere Fans nicht nur in seine Konzerte gehen und seine CDs hören, sondern ihn als Idol, als Vorbild ansehen und beispielsweise selbst das Geigespielen lernen oder Musiker werden wollen. David geht darauf ein und zeigt seinen jungen Bewunderern, dass solch eine Karriere, wie er sie geschafft hat, ohne Anstrengung nicht funktioniert. Das betonte er im Gespräch mit der Online-Ausgabe der »Zeit« vom 7. Januar 2009: »Ich arbeite sehr diszipliniert. Das sollen die jungen Leute ruhig sehen. Wenn du etwas erreichen willst,

musst du knallhart dafür arbeiten und kämpfen ohne Ende.« Denn, so David weiter, er wollte den jungen Fans nicht weismachen, dass sich großer Erfolg auch von selbst einstellen kann und man nichts dafür tun muss: »Diese Erfolgsgeschichten, aus dem Nichts heraus ganz nach oben zu kommen, führen zu falschen Vorstellungen.«

Dass dem engagierten »UNESCO«-Botschafter Kinder und Jugendliche und speziell der Musikernachwuchs am Herzen liegen, machte er schon im Oktober 2008 im Interview mit »Ensemble« deutlich. So möchte er in der Zukunft hoffnungsvollen unbekannten Jungtalenten helfen, etwa so wie der »Freundeskreis Anne-Sophie Mutter Stiftung e.V.«, in dem Davids berühmte Kollegin jungen Musikern unter die Arme greift: »In ein paar Jahren werde ich garantiert solche Dinge machen … Vielleicht kommt in zwei, drei Jahren der Zeitpunkt, wo ich mir sage, ich will mein eigenes Kammermusikfestival gründen oder irgendwelche Projekte unterstützen.«

Dieses Engagement für den Nachwuchs konnte David offensichtlich bislang aus Zeitmangel nicht einlösen. Dafür setzt er sich immer wieder in einem kleineren Rahmen für junge Talente ein, etwa im Herbst 2009, als es beim Kinder-TV-Sender KiKa darum ging, bei einer Casting-Show den besten Nachwuchskomponisten zu küren. Seit dem 26. Oktober verfolgten die jungen Zuschauer 16 Folgen des Songwritercontests »Dein Song«, ausgeschrieben vom Kinder- und Jugendprogramm ZDFtivi. Unter Tausenden von Bewerbern schafften 16 Jungtalente den Sprung in die Castings. Acht von ihnen bekamen prominente Paten zur Seite gestellt. Und die unterstützten die Kandidaten dabei, ihren eigenen Song im Tonstudio zu produzieren. Im großen Finale präsentierten die jungen Talente gemeinsam mit ihren Paten ihre selbstkomponierten Songs.

David war Pate der damals 13-jährigen Katharina; sie hatte

die bei einer spontanen Session am Klavier entstandene, sehr melodiöse Ballade »Good Times« selbst komponiert und sich damit bis ins Finale gespielt. Im Studio traf David Katharina, den Musikproduzenten Gunter Mende und Jasmin Wagner, die als Pop-Techno-Star Blümchen bekannt wurde und nun die Nachwuchsmusikerin betreute. David sagte zur Begrüßung sehr sympathisch und feinfühlig: »Es ist eine große Ehre für mich, etwas von einem jungen Künstler zu spielen. Das wird mir sicherlich gleich sehr viel Spaß machen.« Dann intonierte Katharina »Good Times« auf dem Klavier, und David war ganz angetan: »Ich finde, es ist eine sehr gelungene Komposition: gut eingeteilt von der Struktur. Das ist schon etwas sentimental. Und ich glaube, das spiegelt das, was sie nicht so zeigen kann, nach außen. Als sie Klavier gespielt hat, war sie voll in ihrem Element. Bei manchen Leuten ist die Musik ein Ventil, aus sich herauszugehen, und das Gefühl habe ich bei ihr auch so ein bisschen.«

Dann improvisierte David, ohne auf die Noten zu schauen, wie es sonst nur Jazz- oder Rockmusiker schaffen, mit der Geige zu den Harmonien des Stücks »einfach so aus dem Herzen heraus«, wie Mendes sagte. Katharina war ganz ergriffen. Dann kam die eigentliche Aufnahme. David spielte verschiedene Variationen – und versank voll und ganz in dem Stück. Danach bedankte sich Katharina, und David antwortete freundlich: »Das hat mir viel Spaß gemacht. Ein schönes Stück. Das baue ich vielleicht in die nächste Tour mit ein.«

Produzent Mende und Katharina geleiteten David noch zum Flughafen, wo der Geiger die junge Komponistin umarmte. Katharina sagte später über ihren Musikpaten: »Ich fand David Garrett ziemlich sympathisch und auch witzig.«

Trotz dieser Unterstützung und obwohl die Ballade ergreifend schön gelungen ist, wurde nicht Katharina, sondern mit

knappem Vorsprung Manu aus Schlangenbad mit dem Antikriegssong »I Hate War« der Gewinner des Wettbewerbs.
David ging sehr sanft und sensibel an diese Zusammenarbeit mit der schüchternen jungen Künstlerin heran. Und das ist genau das Einfühlungsvermögen, das z.B. ein guter Musiklehrer braucht. Sollte David tatsächlich mal in ein paar Jahrzehnten das Bedürfnis haben, sich aus dem Musikzirkus mit ständigen Auftritten, Interviews, CD-Aufnahmen etc. zurückzuziehen, wäre das eine ideale Nachfolgetätigkeit: als Musiklehrer sein Wissen und Können weiterzugeben.
Eine andere Möglichkeit für die späteren Jahre nannte David selbst im Gespräch mit »draußen!« Anfang 2010: »Künstlermanagement fände ich schon sehr spannend.« Dann könnte er sich ebenfalls um aufstrebende Jungtalente kümmern.
Wollte er jetzt schon aufhören und sich andere Betätigungsfelder suchen, könnte David sich ja wieder verstärkt als Model versuchen, was er ohnehin ab und zu noch macht, wie z.B. im Frühjahr 2010 zusammen mit der Schauspielerin Natalia Avelon im Stilmagazin »Icon«. Doch das Musikmachen gegen das Modeln einzutauschen, das lehnt er ab. So wurde ihm im Gespräch mit womenweb.de im April 2010 genau diese Frage gestellt, und David antwortete: »Nee, momentan habe ich so viel Spaß mit dem, was ich mache, dass ich nichts anderes suche.«
Im Grunde will David nur seiner Profession nachgehen, die gleichzeitig seine Leidenschaft ist: Musik machen und nichts sonst. Das sagte er klar und deutlich im Magazin »Men's Health« im November: »Ich habe automatisch den Drang, mich ständig zu verbessern, neue Sachen zu suchen und Experimente mit meiner Musik zu machen. Daher ist es schier unmöglich, mir das vorzustellen.«
Dennoch hat er zugegriffen, als ein Angebot aus einer ganz anderen künstlerischen Ecke kam: Ende Juni 2010 überrasch-

te die Meldung, dass der Stargeiger in dem Kinostreifen »Vivaldi« den Vater des venezianischen, von David sehr geschätzten Komponisten namens Giuseppe spielen würde. Doch mit dieser Rolle ist der Violinist ja gar nicht so weit von seinem zentralen Lebensinhalt entfernt, denn auch hier geht es wiederum um die Musik.

Neben David konnten die Kölner Produzenten Michael und Ica Souvignier, die durch die TV-Filme »Contergan« und »Das Wunder von Lengede« bekannt wurden, weitere hochkarätige Stars für ihren neuesten Kinostreifen gewinnen. Dabei sind u.a. Jessica Biel als Vivaldis Geliebte, Veronica Ferres als Klosteroberin, Oscar-Preisträger Ben Kingsley (der u.a. in »Gandhi« und »Schindlers Liste« mitwirkte) als Papst und Luke Evans (»Kampf der Titanen«) als Vivaldi. Ende 2010 sollen die Dreharbeiten zu dem Film beginnen, zu dem, wie könnte es anders sein, David Garrett die Musik einspielt.

80 Prozent des Streifens sollen in Deutschland gedreht werden – vielleicht eine ideale Gelegenheit für David, sich seinen Wunsch zu erfüllen, neben seiner Wahlheimat New York wieder eine Destination im Berliner Raum zu suchen. Tatsächlich erklärte er im Sommer 2009 in der »Märkischen Allgemeinen«: »Ich bin gerne in der Region Berlin/Potsdam. Ich könnte mir die Region als mein deutsches Domizil vorstellen.« Die Idee, sich in der Bundesrepublik niederzulassen, bestätigte er noch einmal im Oktober desselben Jahres in der »Rundschau«: »Ich spiele in der Tat mit dem Gedanken, mir hier eine kleine Wohnung zu nehmen. Ich habe immer so viel Gepäck, wenn ich nach Deutschland reise!«

Doch wo auch immer David leben wird, es wird ihn weiterhin auf die Konzertbühnen ziehen. Darüber besteht für ihn kein Zweifel, und er betont diese Einstellung in Interviews stetig aufs Neue, wie z.B. in den »Gulfnews« im Juni 2008, als

er auf die Frage nach seinen Ambitionen für die Zukunft erläuterte: »Das Wichtigste für mich ist, mich einzubringen, wenn ich spiele. Alles andere ist zweitrangig.«
Und wenn er spielt, dann ist das echt. Auch das sagt David immer wieder, wie z.B. im Gespräch mit der Online-Ausgabe der »Zeit« Anfang 2009: »Ich versuche, so authentisch wie möglich zu sein. Ich stehe mit dem Herzen hinter dem, was ich tue.«
Was er macht, ist Musik. Das ist sein Leben. So sinnierte David in einem »Stern«-Videoclip im Juni 2010: »Wenn man Musiker ist, hat man das 24 Stunden im Kopf. Ich kann nicht abschalten. Man liegt nachts im Bett, und es läuft immer weiter.« In der »Bild der Frau« fasste er kurz zusammen: »Ich spiele, bis ich umfalle.«
Es könnte also für David im Grunde ewig so weitergehen – bis auf die Tatsache, dass er ständig unterwegs ist. Dazu sagte er in den »Middle East Chats« im Mai 2008, dass er sich aus dem derzeitigen Trubel »tatsächlich früh zurückziehen« wolle: »Ich mache das hier nicht für die nächsten 25 Jahre – ich würde sterben (lacht). Ich kann nicht 360 Tage im Jahr reisen.«
Aber bis es in ein paar Jahren oder vielleicht doch Jahrzehnten so weit ist, spielt er weiter und lebt seinen Traum, einfach nur mit der Violine Musik zu machen. Und so wird David Garrett uns mit seinem außergewöhnlichen Talent, seinem Mut, starre Hörgewohnheiten aufzubrechen, und der Fähigkeit, sein Publikum auf charmante Art in Bann zu schlagen, immer wieder aufs Neue begeistern und verzaubern.

Anhang

Diskographie mit Chart-Plazierungen, Filmographie, Preise und Auszeichnungen, Internetadressen

(Stand: 3. Juli 2010)

DISKOGRAPHIE

Alben

Beethoven: Frühlingssonate – Spring
Bach: Partita BWV 1004 – Mozart: Adagio KV 261
mit Alexander Markovich (Piano)
Veröffentlichung in Deutschland: 2. Oktober 1995
Label: Deutsche Grammophon

Ludwig van Beethoven:
Sonate für Klavier und Violine Nr. 5 in F-Dur op. 24 (»Frühlingssonate«)
mit Alexander Markovich (Klavier)

1. I. Allegro – 10:52
2. II. Adagio molto espressivo – 7:09
3. III. Scherzo: Allegro molto – 1:18
4. IV. Rondo: Allegro ma non troppo – 6:45

Johann Sebastian Bach:
Partita für Violine solo Nr. 2 d-Moll BWV 1004

5. I. Allemanda – 5:18
6. II. Corrente – 3:02
7. III. Sarabanda – 5:42
8. IV. Giga – 3:33
9. V. Ciacona – 19:50

Wolfgang Amadeus Mozart
mit Alexander Markovich (Klavier)
10. Adagio E-Dur (KV 261) für Violine und Klavier

David Garrett
Kadenz

Johann Sebastian Bach (1685–1750)
Partita für Violine solo Nr. 2 d-Moll BWV 1004
1. Allemanda

Mozart Violinkonzerte KV 218 & 271 a
David Garrett
Claudio Abbado (Dirigent)
The Chamber Orchestra of Europe
Veröffentlichung in Deutschland: 23. Oktober 1995
Label: Deutsche Grammophon

Titel:

Violinkonzert Nr. 7 in D-Dur KV 271 i
1. I. Allegro maestoso – 11:11
2. II. Andante – 7:13
3. III. Rondo. Allegro – 8:22

Violinkonzert Nr. 4 in D-Dur KV 218
4. I. Allegro – 10:38
5. II. Andante cantabile – 7:15
6. III. Rondeau. Andante grazioso – Allegro ma non troppo – 7:26

Sonate für Klavier und Violine in B-Dur KV 454

7. I. Largo – Allegro – 7:29
8. II. Andante – 8:19
9. III. Allegretto – 6:29

Paganini Caprices
mit Bruno Canino (Klavierbegleitung Nr. 1 bis 23)
Veröffentlichung in Deutschland: 1. April 1997
Label: Deutsche Grammophon

Titel:

1. Nr. 1 in E-Dur – 1:55
2. Nr. 2 in b-Moll – 2:53
3. Nr. 3 in e-Moll – 3:53
4. Nr. 4 in c-Moll – 7:59
5. Nr. 5 in a-Moll – 3:12
6. Nr. 6 in g-Moll – 4:39
7. Nr. 7 in a-Moll – 4:17
8. Nr. 8 in E-Dur – 3:40
9. Nr. 9 in E-Dur – 3:05
10. Nr. 10 in g-Moll – 2:18
11. Nr. 11 in C-Dur – 5:07
12. Nr. 12 in A-Dur – 2:42
13. Nr. 13 in B-Dur – 1:54
14. Nr. 14 in E-Dur – 1:22
15. Nr. 15 in e-Moll – 2:54
16. Nr. 16 in g-Moll – 1:30
17. Nr. 17 in E-Dur – 2:53
18. Nr. 18 in C-Dur – 2:28
19. Nr. 19 in E-Dur – 2:26
20. Nr. 20 in D-Dur – 3:31

21. Nr. 21 in A-Dur – 3:12
22. Nr. 22 in F-Dur – 2:27
23. Nr. 23 in E-Dur – 3:48
24. Nr. 24 in a-Moll – 4:53

Tschaikowski & Conus: Violinkonzerte/Pure Ecstasy
(auch erschienen unter dem Titel: »Pure Ecstasy«)
Veröffentlichung in Deutschland: 22. Oktober 2001
Label: Deutsche Grammophon

David Garrett
Mikhail Pletnev (Dirigent)
The Russian National Orchestra

Pjotr Iljitsch Tschaikowski (1840–1893):
Violinkonzert in D-Dur op. 35

1. I. Allegro moderato – 18:38
2. II. Canzonetta. Andante – 7:02
3. III. Finale. Allegro vivacissimo – 9:57

Jules Conus (1869–1942):
Violinkonzert in e-Moll

4. I. Allegro molto – Andante espressivo – 9:57
5. II. Adagio – 4:74

Kadenz von Ivan Galamian (1903–1981)

6. Andante espressivo – Cadenza – 8:44

Pure Classics (Kompilation)
Veröffentlichung in Deutschland: 2. Dezember 2002
Label: Deutsche Grammophon

1. Mozart: Violinkonzert Nr. 7 in D-Dur KV 271 i: Allegro maestoso – 11:11
2. Bach: Partita für Violine solo Nr. 2 d-Moll BWV 1004: Giga – 3:33
3. Beethoven: »Frühlingssonate«: Allegro – 10:49
4. Mozart: Sonate für Klavier und Violine in B-Dur KV 454: Allegretto – 6:28
5. Paganini: Caprice op. 1, Nr. 1 – 1:55
6. Paganini: Caprice op. 1, Nr. 4 – 7:54
7. Paganini: Caprice op. 1, Nr. 9 – 3:03
8. Conus: Violinkonzert: Adagio – 4:20
9. Paganini: Caprice op. 1, Nr. 6 – 4:36
10. Paganini: Caprice op. 1, Nr. 13 – 1:52
11. Tschaikowski: Violinkonzert: Finale – 9:59
12. Paganini: Caprice op. 1, Nr. 24 – 4:52

Free
Veröffentlichung in Deutschland: 5. März 2007
Label: Decca

Titel:

1. La Califfa (Ennio Morricone) – 2:44
2. Carmen-Fantasie (Georges Bizet) featuring Paco Peña (Gitarre) – 4:14
3. Nothing Else Matters (Metallica) – 3:29
4. Csárdás Gypsy Dance (Vittorio Monti) – 3:26

5. Duelling Banjos (aus dem Film »Beim Sterben ist jeder der Erste«) – 2:09
6. Paganini Rhapsody (aus der Caprice Nr. 24) – 4:06
7. Serenade (David Garrett) – 3:36
8. Flight of the Bumble Bee (»Hummelflug«) (Nikolai Rimski-Korsakow) – 1:18
9. Toccata (David Garrett) – 3:47
10. Somewhere (aus dem Musical »West Side Story« von Leonard Bernstein) – 3:00
11. Eliza's Song (David Garrett) – 2:59

Virtuoso
Veröffentlichung in Deutschland: 20. März 2008
(Veröffentlichung international: 5. März 2007)
Label: DEAG Music

Titel:

1. La Califfa (Ennio Morricone) – 2:46
2. Carmen-Fantasie (Georges Bizet) featuring Paco Peña (Gitarre) – 4:15
3. Nothing Else Matters (Metallica) – 3:32
4. Csárdás Gypsy Dance (Vittorio Monti) – 3:27
5. Duelling Banjos (aus dem Film »Beim Sterben ist jeder der Erste«) – 2:11
6. Paganini Rhapsody (aus der Caprice Nr. 24) – 4:08
7. Serenade (David Garrett, Heijden) – 3:38
8. Flight of the Bumble Bee (»Hummelflug«) (Nikolai Rimski-Korsakow) – 1:20
9. Toccata (David Garrett) – 3:50
10. Somewhere (aus dem Musical »West Side Story« von Leonard Bernstein) – 3:01

11. Eliza's Song (David Garrett, Heijden) – 2:59

Chart-Plazierungen »Virtuoso«
Großbritannien: 17
Deutschland: 32
Österreich: 51
Schweiz: 96

Encore
Veröffentlichung in Deutschland: 24. Oktober 2008
Label: DEAG Music

Titel:

1. Smooth Criminal (Michael Jackson) – 3:08
2. Who Wants to Live Forever? (Queen) – 4:08
3. Clair de Lune (Claude Debussy) – 3:31
4. He's a Pirate (»Pirates of the Caribbean« Theme) – 3:02
5. Summertime (George Gershwin) – 3:56
6. Hungarian Dance Nr. 5 (»Ungarischer Tanz Nr. 5«) (Johannes Brahms) – 2:59
7. Chelsea Girl (David Garrett) – 2:45
8. Summer (»Der Sommer« aus »Die vier Jahreszeiten«) (Antonio Vivaldi) – 2:38
9. O mio babbino caro (Giacomo Puccini) – 3:13
10. Air (J. S. Bach) – 3: 38
11. Thunderstruck (AC/DC) – 3:07
12. New Day (Empyr) – 3:52
13. Ain't No Sunshine (Bill Withers) – 2:41
14. Rock Prelude – 3:22
15. Winter Lullaby (David Garrett) – 2:39
16. Zorba's Dance (aus dem Film »Alexis Sorbas«) – 2:33

Chart-Plazierungen »Encore«
Deutschland: 7
Österreich: 19
Schweiz: 31

The Fascination of David Garrett
Veröffentlichung in Deutschland: 7. November 2008
Label: Deutsche Grammophon

Titel:

Wolfgang Amadeus Mozart:
Violinkonzert Nr. 7 in D-Dur KV 271 i
Kadenz: George Enescu
1. Allegro maestoso – 11:10

Johann Sebastian Bach:
Partita für Violine solo Nr. 2 d-Moll BWV 1004
2. Giga – 03:33

Ludwig van Beethoven:
Sonate für Klavier und Violine Nr. 5 in F-Dur op. 24 (»Frühlingssonate«)
3. Allegro – 10:52

Wolfgang Amadeus Mozart:
Sonate für Klavier und Violine in B-Dur KV 454
4. Allegretto – 06:29

Niccolò Paganini:
24 Capricen für Violine op. 1

5. Nr. 1 in E-Dur – 01:55
6. Nr. 4 in c-Moll – 07:59
7. Nr. 9 in E-Dur – 03:05

Jules Conus:
Violinkonzert in e-Moll
8. Adagio (Ausschnitt) – 04:20

Niccolò Paganini:
24 Capricen für Violine op. 1
9. Nr. 6 in g-Moll – 04:39
10. Nr. 13 in B-Dur – 01:54

Pjotr Iljitsch Tschaikowski:
Violinkonzert in D-Dur op. 35
11. Finale (Allegro vivacissimo) – 09:58

Niccolò Paganini:
24 Capricen für Violine op. 1
12. Nr. 24 in a-Moll – 04:53

David Garrett
Veröffentlichung international: 2. Juni 2009
Label: Decca

Titel:
1. Summer (»Der Sommer« aus »Die vier Jahreszeiten«) (Antonio Vivaldi) – 2:38
2. Nothing Else Matters (Metallica) – 3:32
3. He's a Pirate (»Pirates of the Caribbean« Theme) – 3:02
4. Smooth Criminal (Michael Jackson) – 3:08

5. Csárdás Gypsy Dance (Vittorio Monti) – 3:27
6. Who Wants to Live Forever? (Queen) – 4:08
7. Thunderstruck (AC/DC) – 3:07
8. Ain't No Sunshine (Bill Withers) – 2:41
9. Carmen-Fantasie (Georges Bizet) featuring Paco Peña (Gitarre) – 4:15
10. Air (J. S. Bach) – 3: 38
11. Zorba's Dance (aus dem Film »Alexis Sorbas«) – 2:33
12. Chelsea Girl (David Garrett) – 2:45
13. Rock Prelude – 3:22

Bonus-Track:

14. Duelling Banjos (aus dem Film »Beim Sterben ist jeder der Erste«) – 2:11

Chart-Plazierungen »David Garrett«
USA: 116

Classic Romance
Veröffentlichung in Deutschland: 6. November 2009
Label: DEAG Music

Titel:

1. Humoresque (Dvořák) – 4:05
2. Méditation (Massenet) – 5:07
3. None But The Lonely Heart (Tschaikowski) – 3:24
4. Serenade (Schubert) – 4:28
5. Zigeunerweisen – I. Moderato (Sarasate) – 3:54
6. Zigeunerweisen – II. Un peu plus lent (Sarasate) – 2:02
7. Zigeunerweisen – III. Allegro molto vivace (Sarasate) – 1:49

8. Salut d'amour (Elgar) – 3:00
9. Vocalise (Rachmaninow) – 6:23
10. Violinkonzert – I. Allegro molto appassionato (Mendelssohn-Bartholdy) – 12:31
11. Violinkonzert – II. Andante (Mendelssohn-Bartholdy) – 8:41
12. Violinkonzert – III. Allegro molto vivace (Mendelssohn-Bartholdy) – 5:39

Chart-Plazierungen »Classic Romance«
Deutschland: 4
Österreich: 12
Schweiz: 21

Classic Romance (limitierte Sonderedition inkl. Bonusmaterial)
Veröffentlichung in Deutschland: 4. Dezember 2009
Label: Warner Music Group Germany

CD 1 – Titel:
1. Humoresque (Dvořák) – 4:05
2. Méditation (Massenet) – 5:07
3. None But The Lonely Heart (Tschaikowski) – 3:24
4. Serenade (Schubert) – 4:28
5. Zigeunerweisen – I. Moderato (Sarasate) – 3:54
6. Zigeunerweisen – II. Un peu plus lent (Sarasate) – 2:02
7. Zigeunerweisen – III. Allegro molto vivace (Sarasate) – 1:49
8. Salut d'amour (Elgar) – 3:00
9. Vocalise (Rachmaninow) – 6:23
10. Violinkonzert – I. Allegro molto appassionato (Men-

delssohn-Bartholdy) – 12:31

11. Violinkonzert – II. Andante (Mendelssohn-Bartholdy) – 8:41
12. Violinkonzert – III. Allegro molto vivace (Mendelssohn-Bartholdy) – 5:39

CD 2 – Titel:

1. Christmas Classics (Medley)
2. Jingle Bells
3. Holy Night

Video:

1. Humoresque

Rock Symphonies
Veröffentlichung USA und Kanada: 20. Juli 2010
Veröffentlichung in Deutschland: 1. Oktober 2010
Label: Decca

Titel (USA-Ausgabe, Reihenfolge in Deutschland und Zeiten bei Redaktionsschluss noch nicht bekannt):

1. Teen Spirit
2. November Rain
3. The 5th
4. Walk This Way
5. Toccata
6. Vivaldi vs. Vertigo
7. Master Of Puppets
8. 80's Anthem
9. Live And Let Die
10. Asturias
11. Rock Symphonies

Ludwig van Beethoven: Violinsonaten (4-CD-Set)
Variations, Rondo, sechs deutsche Tänze
Veröffentlichung in Deutschland: 15. September 1997
Label: Deutsche Grammophon

Martha Argerich
Bruno Canino
David Garrett
Wilhelm Kempff
Gidon Kremer
Yehudi Menuhin

CD 1 – Titel:

Beethoven: Violinsonaten Nr. 1 bis 3
Sonate für Violine und Klavier Nr. 1 in D-Dur op.12, Nr. 1
Gidon Kremer, Martha Argerich

1. I. Allegro con brio – 8:06
2. II. Tema con variazioni (Andante con moto) – 6:53
3. III. Rondo (Allegro) – 4:27

Sonate für Violine und Klavier Nr. 2 in A-Dur op.12, Nr. 2
Gidon Kremer, Martha Argerich

4. I. Allegro vivace – 5:42
5. II. Andante piuttosto allegretto – 5:09
6. III. Allegro piacevole – 4:56

Sonate für Violine und Klavier Nr. 3 in E-Dur op.12, Nr. 3
Gidon Kremer, Martha Argerich

7. I. Allegro con spirito – 7:44

8. II. Adagio con molto espressione – 6:01
9. III. Rondo (Allegro molto) – 4:00

CD 2 – Titel:

Beethoven: Violinsonaten Nr. 4 und 5; Variationen WoO 40; Rondo WoO 41

Sonate für Violine und Klavier Nr. 4 in a-Moll op. 23
Gidon Kremer, Martha Argerich

1. I. Presto – 6:57
2. II. Andante scherzoso, più allegretto – 7:20
3. III. Allegro molto – 5:16

Sonate für Violine und Klavier Nr. 5 in F-Dur op.24 »Frühlingssonate«
Gidon Kremer, Martha Argerich

4. I. Allegro – 9:42
5. II. Adagio molto espressivo – 6:05
6. III. Scherzo (Allegro molto) – 1:21
7. IV. Rondo (Allegro ma non troppo) – 6:37

12 Variationen von »Se vuol ballare« aus Mozarts »Le Nozze di Figaro« (»Die Hochzeit des Figaro«), WoO 40
Yehudi Menuhin, Wilhelm Kempff

8. Thema. Allegretto – Variazioni I–XII – Coda – 12:35

Rondo für Klavier und Violine in G-Dur, WoO 41
David Garrett, Bruno Canino

9. I. Allegro – 6:22
10. II. Sechs deutsche Tänze, WoO 42 (1796) – 4:56

CD 3 – Titel:

Beethoven: Violinsonaten Nr. 6 bis 8

Sonate für Klavier und Violine Nr. 6 in A-Dur op. 30, Nr. 1
Gidon Kremer, Martha Argerich

1. I. Allegro – 7:49
2. II. Adagio – 6:43
3. III. Allegretto con variazioni – 7:34

Sonate für Klavier und Violine Nr. 7 in c-Moll op. 30, Nr. 2
Gidon Kremer, Martha Argerich

4. I. Allegro con brio – 7:36
5. II. Adagio cantabile – 7:41
6. III. Scherzo (Allegro) – 3:36
7. IV. Finale (Allegro) – 4:54

Sonate für Klavier und Violine Nr. 8 in G-Dur op. 30, Nr. 3
Gidon Kremer, Martha Argerich

8. I. Allegro assai – 6:21
9. II. Tempo di minuetto, ma molto moderato e grazioso – 8:32
10. III. Allegro vivace – 3:24

CD 4 – Titel:

Beethoven: Violinsonaten Nr. 9 und 10

Sonate für Klavier und Violine Nr. 9 in A-Dur op. 47 (»Kreutzer-Sonate«)
Gidon Kremer, Martha Argerich

1. I. Adagio sostenuto – Presto – 14:12

2. II. Andante con variazioni – 14:53
3. III. Finale (Presto) – 8:30

Sonate für Klavier und Violine Nr. 10 in G-Dur op. 96
Gidon Kremer, Martha Argerich

4. I. Allegro moderato – 10:34
5. II. Adagio espressivo – 6:29
6. III. Scherzo (Allegro) – 1:56
7. IV. Poco allegretto – 8:23

Night of the Proms 2002
Veröffentlichung in Deutschland: 9. Dezember 2002
Label: BMG Ariola Classics

1. Guglielmo Tell: Overture (Live) – Il Novecento
2. Everybody's Got to Learn Sometime (Live) – John Miles
3. Violinkonzert in D-Dur op. 61 (Live) – David Garrett
4. Big in Japan (Live) – Alphaville
5. Gold und Silber op. 79 (Live) – Il Novecento
6. Cold As Ice (Live) – Foreigner
7. I Want to Know What Love is (Live) – Foreigner
8. Csárdás (Live) – David Garrett
9. Fire (Live) – The Pointer Sisters
10. I'm So Excited (Live) – The Pointer Sisters
11. Overture 1812 (Live) – Il Novecento
12. Alive and Kicking (Live) – Simple Minds
13. Don't You (Forget About Me) (Live) – Simple Minds

Banana Republic City Sounds Volume 1
Veröffentlichung USA: 26. Februar 2009
Label: Banana Republic

Titel (Zeiten nicht bekannt):
1. Here It Goes Again – OK Go
2. Gravity – Sara Bareilles
3. Stolen – Dashboard Confessional (Live)
4. Never Said – Liz Phair
5. Sometimes – Ayo (Acoustic)
6. Sunlight – Esperanza Spalding
7. Manto Azul – David Sanchez
8. Imparable – Tommy Torres
9. Rock Prelude – David Garrett

Singles

vom Album »Encore«

He's A Pirate (»Pirates Of The Caribbean« Theme) – 3:02
Veröffentlichung in Deutschland: 24. Oktober 2008
Label: Decca
Chart-Plazierungen »He's a Pirate«
Schweiz: 50

Smooth Criminal – 3:08
Veröffentlichung in Deutschland: 24. Oktober 2008
Label: Decca
Chart-Plazierungen »Smooth Criminal«
Schweiz: 36

Weitere Singles

The New Classical Generation 2008
Veröffentlichung in Deutschland: 12. November 2008
Label: Universal

1. Cinema Paradiso (Se): Will Martin – 3:47
2. Laia ch'io pianga: Hayley Westenra – 3:29
3. The Flight of The Bumble Bee: David Garrett – 1:19
4. Conquest of Paradise: Blake – 3:32
5. Here's To The Heroes: Jonathan Ansell – 3:53

Kooperationen

Jonathan Ansell und David Garrett
Album: Jonathan Ansell – Tenor at the Movies (2008)
Titel:
Parla più piano
Se

Will Martin und David Garrett
Album: Will Martin – New World (2008)
Titel:
Cinema Paradiso

DVD

David Garrett Live – In Concert & In Private
Veröffentlichung in Deutschland: 9. Oktober 2009
Label: DEAG Music
Format: PAL
Sprache: Deutsch
Region: Alle Regionen
Spieldauer: 153 Minuten

Titel:

1. He's A Pirate (»Pirates Of The Caribbean« Theme) – 3:24
2. Who Wants To Live Forever – 4:34
3. Carmen-Fantasie op. 25 – 4:40
4. Air – 3:51
5. Brahms: Hungarian Dance (»Ungarischer Tanz«) Nr. 5 – 2:54
6. Smile – 3:09
7. Zapateado – 2:51
8. Winter Lullaby – 2:40
9. Rock Prelude – 4:21
10. Smooth Criminal – 3:07
11. Ain't No Sunshine – 2:42
12. Winter (aus den »Vier Jahreszeiten«) – 3:34
13. Csárdás – Gypsy Dance – 3:52
14. Summertime (Aus »Porgy & Bess«) – 4:01
15. Duelling Banjos (Duelling Strings) – 2:00
16. Zorba's Dance – 2:28
17. Chelsea Girl – 2:34
18. Bach: Violinkonzert in E-Dur: 3. Satz – Allegro assai – 2:52

19. Volare (Nel blu dipinto di blu) – 2:36
20. Nothing Else Matters – 3:27
21. Paganini: Carnevale di Venezia – 4:10
22. Humoresque – 3:53
23. Der Sommer (aus »Die vier Jahreszeiten«) – 2:51
24. The Flight Of The Bumble Bee (»Hummelflug«) – 1:48
25. A Whole New World (aus »Aladdin«) – 3:45
26. Sarabande – 3:28

Chart-Plazierungen »David Garrett Live – In Concert & In Private«
Deutschland: 37

FILMOGRAPHIE

Kinofilme

2012: »Vivaldi« (in Vorbereitung): Nebenrolle als Giuseppe Vivaldi

TV-Sendungen

20. Mai 1991: Achtung! – Klassik
13. November 2007: TV total
16. November 2007: NDR Talk Show
4. Dezember 2007: Zibb
19. Dezember 2007: Stern TV
23. Januar 2008: Dellings Woche
15. Februar 2008: Breakfast (Großbritannien)
14. März 2008: Volle Kanne
24. März 2008: Breakfast (Großbritannien)
26. März 2008: Loose Women (Großbritannien)
18. April 2008: Die Niels Ruf Show
16. Mai 2008: Kölner Treff
17. Oktober 2008: 3nach9
21. Oktober 2008: TV total
2. Dezember 2008: DAS!
3. Dezember 2008: Die Johannes B. Kerner Show
4. Dezember 2008: Im Palais: Allein ist nicht genug! Sehnsucht nach Gemeinsamkeit
17. Dezember 2008: Stern TV
20. Dezember 2008: Guinness World Records – Die größten Weltrekorde

23. Dezember 2008: Willkommen bei Carmen Nebel
11. Januar 2009: Zimmer frei!
11. Juni 2009: David Garrett Live in Berlin (USA)
7. November 2009: Wetten, dass …? aus Braunschweig
12. November 2009: Markus Lanz
19. November 2009: Wer wird Millionär? (Prominenten-Special)
13. Dezember 2009: Menschen, Bilder, Emotionen
17. Dezember 2009: José Carreras Gala
23. Dezember 2009: Willkommen bei Carmen Nebel
30. Januar 2010: Leute heute (Special über die Verleihung der Goldenen Kamera)
7. Februar 2010: Der Popolski Show
22. Februar 2010: The Oprah Winfrey Show (USA)
18. Mai 2010: Maintower
9. Juli 2010: Sommernachtstraum

Sonstige Filme

2009: A Arvore da Música (brasilianische Dokumentation über die Erhaltung des Regenwaldes): Interview

PREISE UND AUSZEICHNUNGEN

2008

- ECHO Klassik: in der Kategorie »Klassik ohne Grenzen«
- Eintrag ins »Guinnessbuch der Rekorde«: als »schnellster Geiger« für das Spielen des »Hummelfluges« von Nikolai Andrejewitsch Rimski-Korsakow in 65,26 Sekunden
- Radio Regenbogen Award 2008: in der Kategorie »Classic«
- GQ: Mann des Jahres in der Kategorie »Musik«

2009

- Goldene Feder
- Goldener Geigenbogen

2010

- Goldene Kamera: in der Kategorie »Beste Musik International«
- Platin-Schallplatte: für das Album »Encore«
- Platin-Schallplatte: für das Album »Virtuoso«
- Goldene Schallplatte: für die DVD »Live – In Concert & in Private«

INTERNETADRESSEN

Offizielle Seiten:

- www.david-garrett.com
- www.myspace.com/davidgarrettofficial
- www.twitter.com/david_garrett
- www.studivz.net/davidgarrett
- www.meinvz.net/davidgarrett

Offizielle Tour-Site:

- www.davidgarrett-tour.com

Fan-Sites (Auswahl):

- www.david-garrett.info
- www.david-garrett-fans.com/english/index.html